于 漪 主编

“青青子衿”传统文化书系

怡情乐生

聂剑平等 编著

山西出版传媒集团
山西教育出版社

图书在版编目（CIP）数据

怡情乐生/聂剑平等编著．—太原：山西教育出版社，2016．5（2022.6 重印）
（“青青子衿”传统文化书系/于漪主编）
ISBN 978-7-5440-8343-0

Ⅰ．①怡… Ⅱ．①聂… Ⅲ．①中华文化-通俗读物 Ⅳ．①K203-49

中国版本图书馆 CIP 数据核字（2016）第 065510 号

怡情乐生
YIQING LESHENG

责任编辑 刘晓露
复　　审 杨　文
终　　审 郭志强
装帧设计 薛　菲　孟庆媛
印装监制 蔡　洁

出版发行 山西出版传媒集团·山西教育出版社
（太原市水西门街馒头巷 7 号　电话：：0351-4729801　邮编：030002）
印　　装 北京一鑫印务有限责任公司
开　　本 889×1194　1/32
印　　张 8.5
字　　数 182 千字
版　　次 2016 年 5 月第 1 版　2022 年 6 月第 2 次印刷
印　　数 8 001—11 000 册
书　　号 ISBN　978-7-5440-8343-0
定　　价 48.00 元

序言

文化是民族的血脉，是人的精神家园。

一颗没有精神家园的心灵，就会浮游飘荡，既不可能潜心思考自己生命的意义与价值，也不可能对他人有真挚的情感关切，更不可能对社会有发自肺腑的责任感。

中华传统文化源远流长，其中的优秀遗产积淀着中华民族最深层的精神追求，代表着中华民族独特的精神标志，为中华民族生生不息发展壮大提供了丰厚滋养。她哺育了一代代中华优秀儿女，支撑他们成为中国的脊梁。

成长中的青少年认真汲取其中的精华和道德精髓，就会长智慧，明方向，增力量，懂得自己根在何处，魂在何方。经典活在时间的深处；价值追求，在文字海洋里奔腾。《"青青子衿"传统文化书系》助你发现其中蕴含的优秀文化基因，探寻当下时代的使命，让您有渴饮琼浆的快乐，醍醐灌顶的惊喜。

于漪 2015年岁末

20 × 20 = 400　　第　　页

前言

吟诗抚琴、题字作画、品茗弈棋、赏花鉴石……这是从古代传承下来的“雅趣”，我们在现实生活中都是有所见闻的。只是，在历史长河的延续与积淀过程中，这些“雅趣”艺术所包含的古人对社会人生、人文宇宙、生命感悟的诸多文化思考与情感寄托却已渐渐抽象为“消闲”的形式，现代人在焦躁功利的忙碌之后极容易忽略这些“雅趣”的文化内涵，在简单化的消闲中几乎感受不到“怡情”之趣。这不能不说是一种遗憾。

毫无疑问，我们只有融入历史文化、理解历史文化，才可能在现实生活中真正享受“雅趣”，享受高质量的生命，并进而深深地敬佩古人的才智、深深地热爱我们的民族文化。我们期待通过生动的故事性阐释让中学生朋友认识这些“雅趣”，领悟其中的文化内涵，进而以健康、乐观的态度和正确的世界观、历史观走好人生之路。所以，针对中学生朋友，我们精心挑选了“诗（歌）、书(法)、琴、棋、画、茶、花、石”八个类型的“雅趣”艺术，以“文化故事”的形式加以推介。我们根据古代文人聚焦的志趣、侧重的节操与道德追求分别确定了相应的主题——

诗：文人情志

书：形神和美

琴：德艺相融

棋：博弈万象

画：象意合一

茶：养生论道

花：花格人品

石：比德玉石

我们依据上述主题，搜罗中国历史上相关名人的言论主张或奇闻逸事，也有一些颇具传奇色彩的神话、寓言、小说类文言典籍，通过必要的注释和通俗易懂、可读性很强的“文意疏通”建构起一个个“文化故事”。这些故事蕴含的各种义理最终都将指向一个主题——怡情乐生。这是古人追求“雅趣”的目的所在，也是我们编写此书的目的所在。所以，我们将此书命名为“怡情乐生”。

本书的八章内容不存在按逻辑先后排列的情况，这给同学们自由选读提供了便利。所以，我们建议中学生朋友保持一种轻松的心情来分章阅读本书。由于“时过境迁”，我们也许没有必要完全认同古人的所作所为和所思所想，但是，我们需要从现实生活出发，得出自己的思考与判断，因此，“文化感悟”设计的若干思考题，大家一定不要忽视哦！

本书由聂剑平、杜庆银、叶燕波，王长来、董鹏、程银炉、阎保安、孙翔共同编著。

第一章　诗——文人情志

第二章 书——形神和美

第三章　琴——德艺相融

第四章　棋——博弈万象

第五章　画——象意合一

第六章 茶——养生论道

第八章 石——比德玉石

第一章　诗——文人情志

一 诗成泣鬼神

【原文选读】

屈原瘦细美髯，丰神朗秀，长九尺，好奇服，冠切云之冠。性洁，一日三濯缨[①]。事怀、襄间，蒙谗负讥，遂放而耕。吟《离骚》，倚耒[②]号泣于天。时楚大荒，原堕泪处独产白米如玉。……栖玉笥山[③]，作《九歌》，托以风谏。至《山鬼》篇成，四山忽啾啾若啼啸，声闻十里外，草木莫不萎死。又见楚先王庙及公卿祠堂，图画天地山川神灵，琦玮僪佹[④]，与古圣贤怪物行事。因书其壁，呵而问之。时天惨地愁，白昼如夜者三日。晚益愤懑，披蓁[⑤]茹草，混同鸟兽，不交世务。采柏实，和桂膏，歌《远游》之章，托游仙以自适。王逼逐之，于五月五日遂赴清泠之水。其神游于天河，精灵时降湘浦。楚人思慕，谓为水仙，每值原死日，必以筒贮米，投水祭之。

（选自唐沈亚之《沈下贤集》）

注释：

①濯缨：洗帽带。

②耒（lěi）：古代木制翻土农具耒耜，下端插入土中者为耜，上端手握的曲柄为耒。

③玉笥（sì）山：在湖南省汨罗市西北的汨罗江北岸。相传当年屈原流放沅、湘时曾经居于此山。所以山中的名胜古迹与屈原有关，有屈子祠。还有“玉笥八景”。

④琦玮僪佹（jué guǐ）：奇特，神奇怪异。僪，通“谲”。

⑤蓁（zhēn）：草木茂盛的样子。

【文意疏通】

《淮南子·本经》说：“过去仓颉造了文字，而天空降下了粟米，到夜间鬼也因此凄厉地哭泣。”诗歌作为文学的精华，字字带着诗人的灵魂，具有抑恶扬善的力量，感动天地，也令夜鬼害怕哭泣。杜甫就曾经称颂李白：“笔落惊风雨，诗成泣鬼神。”屈原作为中国文学史上伟大的浪漫主义诗人，他的故事也堪称惊天地、泣鬼神。

屈原身材瘦削，高约九尺，长着漂亮的髯须，丰神秀朗，可以说是玉树临风了。他喜欢穿奇异的服饰，戴高高耸立的切云帽。他天性爱好清洁，每天多次清洗帽缨子。屈原主要生活在楚怀王、楚襄王时期。在这期间，他蒙受着小人的谗言，承受着奸人的讥笑，最后还被流放去耕地种田。屈原心怀美好的理想，深深热爱着祖国，却不得已被流放到遥远的地方。饱经忧患，忧闷在心，感情喷发，吟咏《离骚》。当时楚国大荒，遍地凄凉。屈原倚着犁把手，将这一切看在眼里，忧在心中，不禁望天，悄然流下了眼泪。泪滴之处，就生产出了像美玉一样的白米。他留居在玉笥山的时候，又

借用旧题，吸取民歌的精华，写出了组诗《九歌》，来寄托情感，讽谏君王。等到他完成《山鬼》这首诗的时候，四面的大山之中忽而发出啾啾的声音，像猿猴啼叫，像山虎长啸。声音宏大，人们在十里之外都能够听得清清楚楚。让人震惊的是，声音传到哪里，哪里的草木就会枯萎。又有一次他见到了楚先王庙和公卿祠堂，看到四壁画有天地、山川的神灵，各种神奇怪异的形状，还有古代圣贤、怪物的种种故事。于是他面对墙壁，手指神怪，一一发问："请问上苍，远古开始的时候，谁来流传和导引这初始的状态？天地还没有成形之前，又是从哪里产生出来的呢？""流转的天体啊，你的轴线系在哪里？天极不动，你又设在何处？撑天的八柱呀，你到底对着何方？东南的大地啊，你为何残缺不齐了呢？""什么地方冬天的日子会暖和呢？什么地方又会在长夏里寒冷？哪里的岩石会像层林根根而立？哪里的走兽又会像人一样发言？"当时天地惨淡，万物悲愁，虽然正值白天，却黑暗如同夜晚，这样的情景整整持续了三天。屈原到了晚年，心情愈加愤懑，他身上披着草衣，口里吃着草根，与鸟兽同群相处，不和世事往来。他采柏实，调和桂膏，修心养神。吟诵《远游》一诗，自我抒怀。最终，屈原被楚王逼逐，在五月五日怀抱着石头，纵身一跃，沉入了江中。清魂一缕，从此涤荡在清冷的汨罗江中。楚人思慕屈原，称他为水仙，每到五月五日，一定会用竹筒灌米投入江水中，来祭祀屈原的魂灵。

【义理揭示】

惊天地、泣鬼神，这正是屈原坚守理想、痛斥黑暗的行为和强烈的爱国主义精神带给我们的震撼。屈原的肉体消失了，但他的精神却成为中华民族优秀文化的精华，永垂不朽！

二 射人先射马

【原文选读】

蔡京[①]为翰林承旨，陈莹中已言：“治乱之分，在京用否。”蔡君济元康问之，曰：“京小人也，尤好交诸宦者[②]，京得志，则宦者用，京与宦者得志，天下何以不乱？”靖康初，贬京分司，与莹中赠谏议大夫命齐下。……蔡京与了翁有笔砚之旧[③]，了翁深疾之。尝入朝，已立班，上御殿差晚，杲[④]日照耀，众莫敢仰视，京注目，久而不瞬。谓同省曰：“此公真大贵人也。”或曰：“公明知其贵，胡不少贬？而议论之间有不恕，何邪？”了翁诵老杜诗曰：“射人先射马，擒贼先擒王。且此人得志，乃国家之大贼，天下之大蜮[⑤]。”遂以急速公事，请疏京悖逆奸诈十事。

（选自宋王大成《野老纪闻》）

注释：

①蔡京：北宋权相之一、书法家，以贪渎闻名。

②宦者：就是宦官，中国古代专供皇帝、君主及其家族役使的官员。

③笔砚之旧：有老同学关系，意思是曾在一起学习过。

④杲（gǎo）：明亮。

⑤蜮（yù）：传说中一种能够含沙射影伤害人的动物。

【文意疏通】

蔡京结党祸国，使宦官的权力极度扩张，被《宋史》列入《奸臣传》，大加贬斥。

蔡京任翰林承旨的时候，陈莹中就已经说过："国家的安定和混乱的区分，就在于重用蔡京还是不用蔡京。"蔡元康（字君济）曾问他，他答："蔡京是小人，尤其爱好交结宦官，如果蔡京和宦官得志，国家怎么会不混乱呢？"靖康初年，贬蔡京为分司官与陈莹中任谏议大夫的诏命一齐下达。……蔡京和魏了翁有旧交，曾一起学习过，可魏了翁对蔡京深恶痛绝。曾经发生过这样一件事：大臣们早晨上朝，已经按班次站列好了，可是皇上迟到了。当时，明亮的太阳照射在廷堂中，没人敢仰头看天。可是蔡京就用眼睛死死地盯住太阳，很长时间连眼皮都不眨，还告诉同省官说："君主才是真正的大贵人啊！"有人就说："大人您明明知道这天日是何等尊贵，为什么还不稍稍低调一些呢？再说您的谈话也有些是不可饶恕的，为什么要这样做呢？"这时候，魏了翁看了看蔡京，口诵老杜的诗句说："射人先要射马，擒贼先要擒王。况且这个人如果得志了，简直就是国家的大祸害，他不过是天下的大鬼蜮！"于是他抓紧办好公务，觉得情势急迫，就请求上书，一条一条地陈述了蔡京悖逆朝廷、行奸欺诈的事，总共有十项。

【义理揭示】

我们可以从蔡京和魏了翁的故事中看出前世的诗篇总能给后人以深远的影响。细流汇聚，百川归海——文人的情怀代代承继，使中华民族的文化薪火相传，生生不息。

三 大鹏力不济

【原文选读】

世俗多言李白当涂采石[①]，因醉泛舟于江，见月影俯而取之，遂溺死，故其地有"捉月亭"。予按[②]李阳冰作《太白草堂集序》云："阳冰试弦歌[③]于当涂，公疾亟[④]，草稿万卷，手集未修，枕上授简，俾[⑤]为序。"又李华作《太白墓志》亦云："赋《临终歌》而卒。"乃知俗传良不足信，盖与杜子美因食白酒牛炙而死者同也。

（选自宋洪迈《容斋随笔》）

注释：

①当涂采石：采石矶，在今安徽当涂县内。有李白墓在这里。

②按：查阅。

③试弦歌：任县令。

④亟（jí）：急切，这里指病重。

⑤俾（bì）：使、让。

【文意疏通】

李太白被人们誉为诗仙，他浪漫的情怀、傲岸的个性、蔑视权贵的形象，早已深入人心，所以连李白的死也被赋予了浓浓的浪漫色彩。

关于李白的死，传说着这样的故事：李白在当涂的采石矶，有一天，他喝醉了酒，在长江上行船，抬眼望去，眼前江波浩渺，明月在天。在粼粼的波光中，他看到了一轮皎洁的月亮，于是俯身要

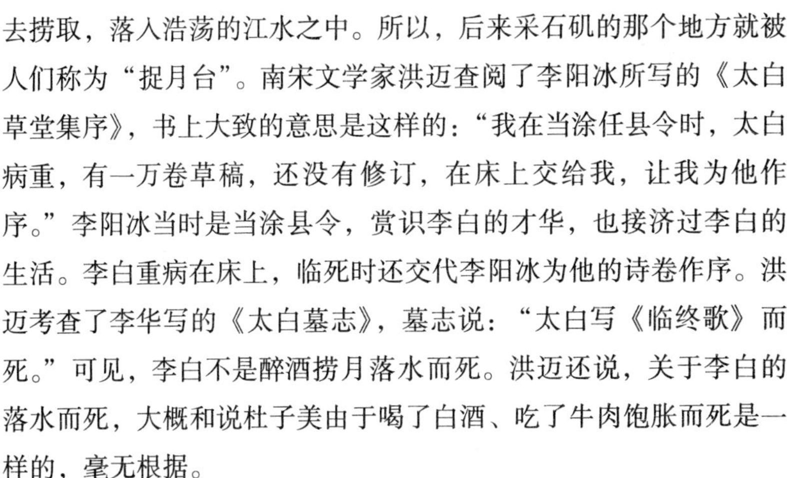

去捞取，落入浩荡的江水之中。所以，后来采石矶的那个地方就被人们称为“捉月台”。南宋文学家洪迈查阅了李阳冰所写的《太白草堂集序》，书上大致的意思是这样的：“我在当涂任县令时，太白病重，有一万卷草稿，还没有修订，在床上交给我，让我为他作序。”李阳冰当时是当涂县令，赏识李白的才华，也接济过李白的生活。李白重病在床上，临死时还交代李阳冰为他的诗卷作序。洪迈考查了李华写的《太白墓志》，墓志说：“太白写《临终歌》而死。”可见，李白不是醉酒捞月落水而死。洪迈还说，关于李白的落水而死，大概和说杜子美由于喝了白酒、吃了牛肉饱胀而死是一样的，毫无根据。

【义理揭示】

以上传说的故事，让李白死得太浪漫了，也让杜甫死得太俗气了。李白青年时代就写了《大鹏赋》，把自己比为大鹏，抒发了远大的抱负。临终前又写了《临终歌》：“大鹏飞兮振八裔，中天摧兮力不济。余风激兮万世，游扶桑兮挂石袂。后人得之传此，仲尼亡兮谁为出涕。”大意为：大鹏奋飞啊振动八极，中天摧折呀力不济了。虽被摧折，其余风啊可激扬万世，游于扶桑呀又挂住左翼。后人得此余风可传此事迹，但世上再无孔子，又有谁能为我的摧折而悲泣？——李白有着远大的理想，又一直在执着地追求。《临终歌》流露出他对人世的眷恋和功业未成的遗憾。

人们赋予了诗仙浪漫的终结。事实上，李白一生的所作所为，都显示出作为一位浪漫诗人所更应具有的建功立业的入世情怀。

四 丹心照汗青

【原文选读】

天祥至潮阳，见弘范①，左右命之拜，不拜。弘范遂以客礼见之，与俱入厓山，使为书招张世杰。天祥曰：“吾不能捍父母，乃教人叛父母，可乎？”索之固②，乃书所《过零丁洋》诗与之。其末有云：“人生自古谁无死，留取丹心照汗青③。”弘范笑而置之。厓山破，军中置酒大会，弘范曰：“国亡，丞相忠孝尽矣，能改心以事宋者事皇上，将不失为宰相也。”天祥泫然④出涕，曰：“国亡不能救，为人臣者死有余罪，况敢逃其死而二其心乎？”弘范义⑤之，遣使护送天祥至京师。

（选自《宋史·文天祥传》）

注释：

①弘范：张弘范，元朝著名的军事家、统帅。至元十五年（1278）使弟张弘正为前锋，在五坡岭俘获了南宋丞相文天祥。

②固：坚决，坚持。

③汗青：竹简，古时在竹简上记事，先以火烤青竹，使水分像汗一样渗出，便于书写，并避免虫蛀。在这里借指史册。

④泫（xuàn）然：眼泪下滴的样子。泫，水滴下垂。

⑤义：正义、道义。这里是“认为……忠义”的意思。

【文意疏通】

中国历代的知识分子都推崇儒家的道德，他们认为作为臣子应对国家尽忠职守。南宋灭亡之际，文天祥受任右丞相，兼任枢密

使，奉命前往敌营议和，因怒斥敌军而被拘，后来他趁机逃脱，辗转于赣、闽等地，继续抗战，最后兵败被俘。

文天祥被押到了潮阳，会见元军的统帅张弘范，元兵命令文天祥叩拜张弘范，文天祥拒不叩拜。张弘范于是就用宾客的礼节接见了他。文天祥和元军一道来到了厓山，张弘范让文天祥写信招降张世杰。文天祥说：“我不能保护好自己的父母，却来劝教别人背叛自己的父母，你觉得这可能吗？”张弘范还是坚决地要求他写，于是文天祥就写下了一首诗给他看，这是他经过零丁洋时所写的：“辛苦遭逢起一经，干戈寥落四周星。山河破碎风飘絮，身世浮沉雨打萍。惶恐滩头说惶恐，零丁洋里叹零丁。人生自古谁无死，留取丹心照汗青。”张弘范盯着这首诗看，看到最后两句“人生自古谁无死，留取丹心照汗青”，明白文天祥是不会投降的，就笑了笑，放了文天祥不再问了。厓山被攻破以后，军中安排酒宴大会，张弘范又开始抱有幻想，对文天祥说：“国家已经灭亡了，丞相你也算是尽了忠孝之心了，如果你能够改变对朝廷的忠心，来效忠我们的皇上，我们将会给你一个宰相的职位。你看怎样？”文天祥潸然泪下，说：“我不能拯救国家，做臣子的死有余罪，更何况还为了摆脱杀头之罪而对国家怀有不忠之心呢？”张弘范敬佩文天祥的仁义，只好派人护送文天祥到京师。

【义理揭示】

每当民族危亡之际，“成仁取义”的儒家思想总能引无数英雄上演可歌可泣的故事。天下兴亡，匹夫有责——文天祥的诗歌和行为彰显了爱国主义的浩然正气和伟大精神。

五 青白留人间

【原文选读】

于肃愍公为诸生时，忽窗外有巨人持一扇乞诗，公醉中即挥笔书曰："大造乾坤[①]手，重扶社稷[②]时。"其人大惊，悲跃而去，乃鬼也。所遗扇则蕉叶一片耳。宣德初，于谦授监察御史，每奏对，上为倾听。五年，河南、山西大灾，廷议大臣经理，上亲署谦名，升行在[③]兵部右侍郎往，二省之民欢若更生。九载秩[④]满，始进左侍郎。先是，河南官吏入朝，率捆载香帕、磨菇以供交际。谦行一无所持，作诗云："手帕蘑菇与线香，不资民用反为殃。清风两袖朝天去，免得闾阎[⑤]话短长。"汴人至今诵之。景泰初，于肃愍公监修京城，见石灰，口占一绝云："千槌万凿出深山，烈火丛中炼几番。粉骨碎身都不顾，只留青白在人间。"后以冤被刑，此诗预为之谶[⑥]云。

（选自明蒋一葵《尧山堂外纪》）

注释：

①乾（qián）坤（kūn）：八卦中的两卦，乾为天，坤为地。乾坤代表天地。

②社稷（jì）：古代帝王、诸侯所祭的土神和谷神。旧时亦用为国家的代称。

③行在：指天子所在的地方，也专指天子巡行所到的地方。

④秩（zhì）：古代官吏的俸禄，也指古代官职级别。

⑤闾（lǘ）阎：指里巷的门，也指里巷。

⑥谶（chèn）：秦汉间巫师、方士编造的预示吉凶的隐语，后指将要应验的预言、预兆。

【文意疏通】

于谦是一位与岳飞齐名的民族英雄，又是一位廉洁正直的官员。他的故事令人感动。

于谦，肃愍公，他身为儒生时，一天忽然有一位巨人手持一把扇子请求他题诗，于公就在醉酒的状态中挥笔写道："大造乾坤手，重扶社稷时。"那个人大吃一惊，悲痛地跳跃而去，原来他是一个小鬼。小鬼丢下的扇子原来就是一片芭蕉叶。宣德初年，于谦被授任为监察御史，每次上朝奏事，皇上倾耳细听。宣德五年（1430），河南、山西发生大灾，朝廷决定由大臣来筹划管理这件事，皇上亲自写上于谦的名字。于是于谦升任为行在兵部右侍郎前往救灾，两个省的老百姓都高兴得像获得重生一样。九年任期届满，于谦才担任左侍郎。在这之前，河南的官吏来到朝中，总要带点绢帕、蘑菇之类的地方特产，作为交际应酬的礼品。可是于谦在担任河南巡抚的时候，廉洁正直，每次进京议事都不带任何物品，还写下一首诗："手帕蘑菇与线香，不资民用反为殃。清风两袖朝天去，免得闾阎话短长。"他有一首著名的反贪倡廉的《无题》诗："名节重泰山，利欲轻鸿毛。所以古志士，终身甘缊袍。胡椒八百斛，千载遗腥臊。一钱付江水，死后有余褒。苟图身富贵，朘剥民脂膏。国法纵未及，公论安所逃？作诗寄深意，感慨心忉忉。"于谦为官清廉，是后世为政者的榜样。开封人民到现在还在歌颂他。景泰元年（1450），于谦监管修整京城，看见石灰，随口吟咏一首绝句："千槌万凿出深山，烈火丛中炼几番。粉骨碎身都不顾，只留青白在人间。"后来他因蒙冤而受刑。英宗时，瓦剌入侵，明英宗被俘。于谦议立明景帝，亲自率兵固守北京，击退瓦剌，使人民免遭蒙古贵族的再次统治。但英宗复辟后却以"谋逆罪"诬杀了这位民族英雄。《石灰吟》竟成了这件事的预言诗。

【义理揭示】

《石灰吟》是一首托物言志的诗。于谦以石灰作喻，抒发了自己坚强不屈、洁身自好的品质。

六 鸟倦而知还

【原文选读】

初，亲老家贫，起为州祭酒①，不堪吏职，少日自解归。州召主簿②，不就。躬耕自资，遂抱羸疾③。后为镇军、建威参军④，谓亲朋曰："聊欲弦歌⑤，以为三径之资⑥，可乎？"执事⑦闻之，以为彭泽令。不以家自随，送一力⑧给其子，曰："此也人子也，可善遇之。"公田悉令吏种秫⑨，曰："吾常得于醉，足矣。"妻子固请种粳，乃使二顷五十亩种秫，五十亩种粳。在官八十余日，会郡遣督邮至县，县吏白应束带⑩见之，潜叹曰："吾岂能为五斗米折腰，向乡里小儿？"即日赋《归去来辞》，解绶⑪去。

（选自明张自烈《晋陶潜传》）

注释：

①州祭酒：州学的学官。

②主簿：州官的助理，参与机要，总领府事。

③羸（léi）疾：瘦弱病。

④参军：将军的幕僚。

⑤弦歌：这里指做官。

⑥三径之资：用典故，汉代隐士蒋诩在房前有三条小径，后人因此用“三径”代住宅庭院。比喻筹集隐居住所的费用。

⑦执事：当权的人。

⑧力：奴仆。

⑨秫（shú）：高粱的一种，主要用于酿酒；后面的“粳”（jīng）是稻子的一种。

⑩束带：系好带子，穿好官服。

⑪解绶（shòu）：辞去官职。绶，古代系官印的丝带。

【文意疏通】

一篇《归去来兮辞》唤醒了多少迷途中的人：“归去来兮！田园将芜胡不归？既自以心为形役，奚惆怅而独悲？”回家去吧！田园快要荒芜了，为什么不回去呢？既然自己的心灵被外物所役使，那就回家去吧！为何要感到失意而独自伤悲呢？让我们看看陶渊明的故事。

起初，陶渊明的父母老迈，家境贫寒。他妻子生下孩子不久就去世了，他又续了弦，接连生了四个儿子和一个女儿，一大家子人要吃饭啊，为了养家糊口，他就出来担任了一个州学的学官。做官是令人羡慕的事情，可陶渊明性情率直，爱好自然，不能忍受官场惯例，没多久就辞官回家了。州里召他任主簿一职，他也没有前去就职。他亲自耕田种地，患上了疾病，很瘦弱。后来没有办法，他又担任了镇军、建威参军。他怎么愿意做这些事情呢？那他为什么又去做官了呢？陶渊明对亲戚朋友是这样解释的：“我暂时做一做官，挣些钱来补贴一下家用，可以吧？”当权的人听他这么一说，就让他来担任彭泽县县令。他不带家眷跟随自己，还送了一个劳力给自己的儿子，说：“这位也是别人的儿子，你要好好善待他。”他令人在官府的公田上种高粱，说：“我常常能够喝醉酒，够了。”妻子、儿子坚持要求种粳米，于是他就下令在二顷五十亩的田地上种高粱，在五十亩地上种粳米。他当县令时并不快乐，干了八十多天的时候，恰逢郡上派督邮来彭泽县巡察。县里的官员跟他说，应该穿好官服，亲自去拜见督邮。要知道，陶渊明是很清高的，他看不起这些高高在上的官员。这时，官员催促他迎接督邮，他很不开心，沉吟了一下，叹了一口气，说道：“我怎么能为五斗米而向乡里的小儿屈身折腰！”当天就写下了一篇《归去来兮辞》，解下印绶，辞官回家了。

【义理揭示】

在物质和精神面前进行抉择，这是人生无法避免的困境。陶渊明毅然选择辞官归田，这是对大自然的亲近，是对精神家园的回归。

七 江海寄余生

【原文选读】

子瞻在黄州，病赤眼[①]，逾月不出，或疑有他疾，过客遂传以为死矣。有语范景仁于许昌者，景仁绝不置疑，即举袂大恸[②]。召子弟，具[③]金帛，遣人赙[④]其家。子弟徐言：“此传闻未审，当先书以问其安否，得实，吊恤之，未晚。”乃走仆以往，子瞻发书大笑。

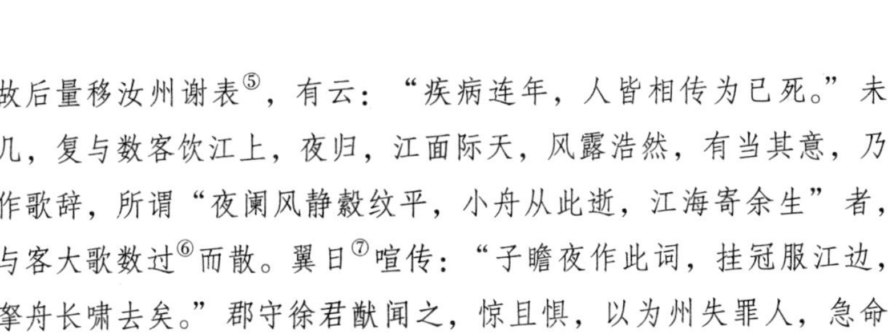

故后量移汝州谢表⑤，有云：“疾病连年，人皆相传为已死。”未几，复与数客饮江上，夜归，江面际天，风露浩然，有当其意，乃作歌辞，所谓“夜阑风静縠纹平，小舟从此逝，江海寄余生”者，与客大歌数过⑥而散。翼日⑦喧传：“子瞻夜作此词，挂冠服江边，拏舟长啸去矣。”郡守徐君猷闻之，惊且惧，以为州失罪人，急命驾往谒⑧，则子瞻鼻鼾如雷，犹未醒也。

（选自宋叶梦得《避暑录话》）

注释：

①赤眼：患急性结膜炎时，眼白发红，俗称红眼病。

②举袂（mèi）大恸（tòng）：举起衣袖，掩面大哭。袂，衣袖。恸，极其悲痛，大哭。

③具：准备。

④赒（zhōu）：接济、救济。

⑤量移汝州谢表：苏轼应诏由远处向近处调到汝州上表答谢。

⑥数（shù）过：几遍。过，一遍为一过。

⑦翼日：明日、次日。翼，通“翌”。

⑧谒：拜见。这里有探望的意思。

【文意疏通】

苏轼，字子瞻。元丰二年（1079），苏轼因“乌台诗案”被贬，任黄州团练副使，从此开始了新的人生历程。苏轼在黄州“疾病连年，人皆相传为已死”，这说明苏轼的生活境况很不如意，也说明朋友的关心还在，友情尚存。更重要的是，在政治风暴的摧折中，苏轼虽然内心充满孤寂与痛苦，但也在巨大的挫折中，在林间的清风和江上的月辉里，对人生有了顿悟，心灵获得了解脱。

在黄州的时候，苏轼患上了红眼病，超过一个月也没外出，有人就怀疑他还有别的病，于是大家传来传去，认为他就要死了。有人在许昌把噩耗告诉了范景仁，范景仁没有怀疑，当即举起衣袖，掩面大哭。他叫来子弟，准备好金钱丝帛，要派人前去救济苏轼家。他的子弟解释说："这个传闻不太确切，应该先写一封信问候他是否安康，了解实情之后，再去慰问和抚恤也不晚。"于是范景仁就写信前去问候。苏子瞻打开信一看，哈哈大笑。后来，他应诏调动到汝州，上表答谢时还说："连年生病，人们都传说我已经死去。"不久，元丰五年（1082）九月，深秋之夜，苏轼和几位客人在江上开怀畅饮，醉后而归。夜晚回家时，他看见江水连天，风清露白，苍茫一片，诗兴大发，挥笔写了一首《临江仙》："夜饮东坡醒复醉，归来仿佛三更。家童鼻息已雷鸣。敲门都不应，倚杖听江声。长恨此身非我有，何时忘却营营？夜阑风静縠纹平。小舟从此逝，江海寄余生。"然后，还和客人一起高声唱了几遍，大家就各自分手而去。第二天就有人哄传："苏子瞻昨天夜晚写了这首词，将官帽官服挂在江边的树上，驾着一叶扁舟，放声啸歌而去了。"当时的郡守徐猷听说这事后，非常吃惊，也感到很害怕，认为在自己的管辖之地跑掉一个待罪之人，责任重大啊！他急忙驾车前往苏轼家探望情况，却看见苏子瞻正躺着睡觉，鼾声如雷，还没醒呢。

【义理揭示】

"小舟从此逝，江海寄余生"，苏轼要趁此良辰美景，驾舟而去，融入自然。苏轼命运多舛，但同时，他的生命又精彩异常。诗人在逆境中形成了旷达不羁的性格，实现了人生的升华。

八 梅鹤伴平生

【原文选读】

林逋[①]，字君复，大里黄贤村人。父早亡。刻苦好学，通晓经史百家[②]。性孤高自好，喜恬淡，勿趋荣利，自谓："然吾志之所适，非室家也，非功名富贵也，只觉青山绿水与我情相宜。"及长，漫游江淮间。后隐居杭州西湖，结庐孤山[③]。常驾小舟遍游西湖诸寺庙，与高僧诗友相往还。每逢客至，应门童子便纵鹤放飞，逋见鹤必棹[④]舟归来。以湖山为伴，二十余年足不及城市。善[⑤]绘画，工行草，书法瘦挺劲健。诗自写胸意，多奇句，风格澄澈淡远。《山园小梅》诗中"疏影横斜水清浅，暗香浮动月黄昏"两句，被誉为千古咏梅绝唱。作诗随就随弃，从不留存。有问："何不录以示后世？"答曰："我方晦[⑥]迹林壑，且不欲以诗名一时，况后世乎？"

（选自《黄贤林氏家谱》）

注释：

①林逋：字君复，钱塘（今浙江杭州）人。早年游历江淮间，后归隐杭州西湖孤山，种梅养鹤，终身不娶，以诗著名。卒谥和靖先生。

②经史百家：旧指各个方面的学问。经，经学，经书，儒家经典著作。史，史学，史书。百家，诸子百家之学。

③孤山：杭州西湖中最大的岛屿，位于里湖与外湖之间，故名孤山。孤山既是风景胜地，又是文物荟萃之处。

④棹（zhào）：划水行船。

⑤善：擅长，善于。

⑥晦（huì）：昏暗，不明显。这里有隐藏的意思。

【文意疏通】

林逋是北宋初年著名的隐逸诗人，他追求的是精神的高洁。

林逋，字君复，是浙江大里黄贤村人。父亲早亡，刻苦好学，通读并熟知经史百家书。性情孤高自好，喜欢恬淡，不愿意追求荣华富贵。他经常说自己：“我的志向，我的追求，不在于居室家庭，不在于功名富贵，我只是觉得青山绿水和我的心情正合适。”他长大后，到江淮一带漫游，后来就在杭州西湖隐居了，筑房居住在孤山之上。林逋常常划着小船去游览西湖，观览每个寺院，和高僧诗友来来往往。每逢客人来到林逋的住处，林逋不在家，怎么办呢？一个看门的童子会为客人打开笼子，放出白鹤。白鹤凌空而起，在蓝天下翩翩飞舞。林逋这时候就会看见高飞的白鹤，一会儿就划着小船回来了。原来小童放鹤就是发出信号，告诉主人：有客人来了。林逋以湖山为伴，二十多年来没有踏进过城市。林逋借着种梅养鹤来自娱自乐，在世上有“梅妻鹤子”的声誉。真是大雅之人！他擅长绘画，精通行草，书法瘦挺劲健。林逋用诗歌来抒发自己的情怀，多有新奇的句子，风格澄澈淡远。他写过《山园小梅》：“众芳摇落独暄妍，占尽风情向小园。疏影横斜水清浅，暗香浮动月黄昏。霜禽欲下先偷眼，粉蝶如知合断魂。幸有微吟可相狎，不须檀板共金尊。”其中“疏影横斜水清浅，暗香浮动月黄昏”两句，被誉为千古咏梅的绝唱。他作诗随时写好随时扔掉，从不留下来保存。有人就问他：“为什么不抄录下来，留给后人看呢？”林逋回答：“我现在隐居在山林壑谷中，尚且不想用我写的诗歌来出名，哪里还想传名后世呢？”

【义理揭示】

林逋的西湖正像梭罗的瓦尔登湖，告诉人们：在急功近利的时代，回归自然是生命丰实和愉悦的重要途径，是对生命的另一种肯定。

九 此物最相思

【原文选读】

《集异记》载：维未冠[①]，文章得名，妙能琵琶。春试[②]之日，岐王引至公主第[③]，使为伶人[④]，进主前，维进新曲，号《郁轮袍》，并出所为文。主大奇之，令宫婢传教，遂召试官至第，谕之作解头登第[⑤]。禄山之乱，李龟年奔于江潭，曾于湘中采访使筵上唱云："红豆生南国，春来发几枝？愿君多采撷[⑥]，此物最相思。"又："清风明月苦相思，荡子从戎十载余。征人去日殷勤嘱，归雁来时数附书。"此皆维所制，而梨园[⑦]唱焉。维年十七时，《九月九日忆山东弟兄》云："独在异乡为异客，每逢佳节倍思亲。遥知兄弟登高处，遍插茱萸[⑧]少一人。"

（选自宋计有功《唐诗纪事》）

注释：

①冠（guàn）：古代男子到成年则举行加冠礼，叫做"冠"。一般在二十岁行冠礼以表示成年。

②春试：唐代考试定在春夏之间，于是有春试。

③第：府邸，府第。

④伶人：或称乐官、伶官，后来也将以演戏为生的艺人包括进来，将他们统称为伶人。

⑤解头登第：登第为解元。

⑥撷（xié）：摘下，取下。

⑦梨园：古代对戏曲班子的别称。

⑧茱萸：又名“越椒”“艾子”，是一种常绿带香的植物，具有杀虫消毒、逐寒祛风的功能。

【文意疏通】

王维是一位少年天才，这足以让人羡慕。他借着一首新曲子《郁轮袍》就赢得了公主的赏识而被内定为登第解元，终于“大魁天下”。

《集异记》是这样记载的：王维还没有加冠成人，写文章就出了名，还弹得一手美妙的琵琶，春季考试的日子来了，岐王就把王维带到公主的府邸，让他扮成唱歌的伶人，来到公主面前。王维献上一首新的曲子，名叫《郁轮袍》，并拿出自己写的文章。王维长得非常英俊，本来就仪表动人，再加上才华出众，公主一见到他就大感惊奇，于是命令宫中婢女传教王维的这首新曲，还特地将考官叫来，告诉他要定下王维登第为解元。王维从此便闻名京师了。这是王维人生中的一大奇遇。安禄山叛乱的时候，乐工李龟年唱的都是王维的“相思”“思亲”一类诗歌。李龟年来到江潭，在湘中采访使的宴席上唱：“红豆生南国，春来发几枝？愿君多采撷，此物最相思。”还唱：“清风明月苦相思，荡子从戎十载余。征人去日殷勤嘱，归雁来时数附书。”这些歌词都是王维自己谱写的。当时的

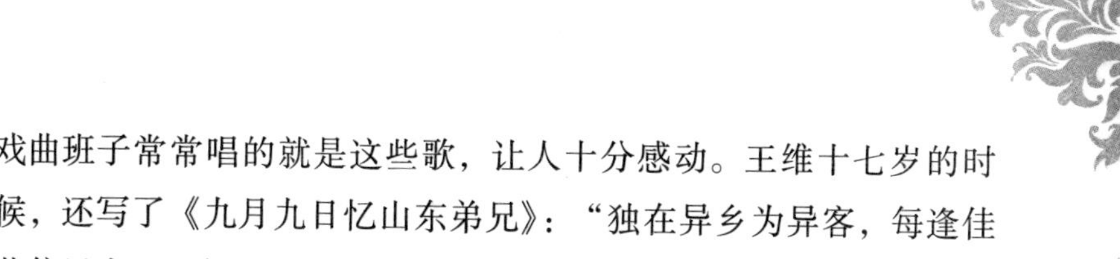

戏曲班子常常唱的就是这些歌，让人十分感动。王维十七岁的时候，还写了《九月九日忆山东弟兄》："独在异乡为异客，每逢佳节倍思亲。遥知兄弟登高处，遍插茱萸少一人。"

【义理揭示】

"明月松间照，清泉石上流"带给人们超凡脱俗的感觉，而"每逢佳节倍思亲"带给人们的则是温情和安慰。诗人在苦难和离散中，常常用隽永的诗句给人们带来心灵上的慰藉。世人需要诗人写就的华章！

十 沈园情未了

【原文选读】

陆务观初娶唐氏[①]，闳之女也，于其母夫人为姑侄。伉俪[②]相得，而弗获于其姑[③]，既出，而未忍绝之，则为别馆，时时往焉。姑知而掩之，虽先知挈去，然事不得隐，竟绝之，亦人伦之变也。唐后改适[④]同郡宗子士程。尝以春日出游，相遇于禹迹寺南之沈氏园。唐以语赵，遣致酒肴。翁怅然[⑤]久之，为赋《钗头凤》一词，题园壁间云："红酥手，黄藤酒，满城春色宫墙柳。东风恶，欢情薄，一怀愁绪，几年离索。错！错！错！春如旧，人空瘦，泪痕红浥[⑥]鲛绡[⑦]透。桃花落，闲池阁，山盟虽在，锦书难托。莫！莫！莫！"实绍兴乙亥岁也。未久唐氏死。

（选自宋周密《齐东野语》）

注释：

①唐氏：唐琬，陆游舅父唐闳的女儿，陆游母亲的侄女，陆游的表妹。

②伉俪（kàng lì）：一般指配偶。伉：对等、匹敌的意思。俪，结缘、配偶。

③姑：称父亲的姐妹为姑，妻称夫的母亲也为姑。这里两种解释都可以。

④适：出嫁。

⑤怅然：失意、不愉快的样子。

⑥浥（yì）：沾湿。

⑦鲛（jiāo）绡（xiāo）：传说中鲛人所织的绡，借指薄绢、轻纱。这里指毛帕和丝巾。

【文意疏通】

无情未必真豪杰。南宋大词人陆游在婚姻上就有一段令人落泪的伤心史，这使他十分痛苦。

陆游，字务观，他和舅舅唐闳的女儿唐琬青梅竹马，后来结为夫妻。初娶唐氏，陆游夫妻俩相处和谐。不幸的是，这场婚姻终因母亲的不满和迷信而被活生生地拆散。唐琬和陆游的母亲是姑侄关系。起初陆游的母亲对唐琬非常看重，也非常爱护，后来却越来越不满，常常百般挑剔，最终强迫陆游休掉了唐琬。陆游十分不情愿，他身形憔悴，内心煎熬，不忍心和唐琬断绝关系，就安排唐琬在别的馆舍住下，常常前往会面。陆母知道后为他们遮掩，觉得有违家规，有失颜面；有时事先知道了就将儿子带走。然而事情还是不能隐瞒，最终，陆母断绝了陆游和唐琬的来往，让陆游另娶了王氏。唐琬另做嫁衣，嫁给了同郡的宗子赵士程。此事成为陆家人伦的一大变故。时光飞逝，陆游二十七岁那年，春日的一天，杨柳摇荡，和风拂面。陆游漫步来到沈园游玩，恰遇唐琬与后夫赵士程也

来玩赏。三人共餐，勾起了陆游和唐琬内心的伤痛。于是，陆游在墙壁上题写《钗头凤》一词：“红酥手，黄藤酒，满城春色宫墙柳。东风恶，欢情薄，一怀愁绪，几年离索。错！错！错！春如旧，人空瘦，泪痕红浥鲛绡透。桃花落，闲池阁，山盟虽在，锦书难托。莫！莫！莫！”唐琬看后，十分感动，也和词一首《钗头凤》：“世情薄，人情恶，雨送黄昏花易落。晓风干，泪痕残。欲笺心事，独语斜栏。难！难！难！人成各，今非昨，病魂常似秋千索。角声寒，夜阑珊。怕人寻问，咽泪装欢。瞒！瞒！瞒！”重逢是令人伤感的，春光还像过去一样美好，而伊人却红消香减，不堪憔悴。不久，唐琬便忧郁而死。

【义理揭示】

庄子说：“哀莫大于心死，而身灭亦次之。”陆游和唐琬的爱情故事之所以感人，在于世事无情，而有情人虽心有灵犀，却情根终未了。问世间情为何物，直教人生死相许！

十一 两句三年得

【原文选读】

贾岛初赴举，在京师。一日于驴上得句云：“鸟宿池边树，僧敲月下门。”又欲“推”字，炼[①]之未定，于驴上吟哦，引手作推敲之势，观者讶之。时韩退之权京兆尹[②]，车骑方出，岛不觉得止第三节，尚为手势未已。俄为左右拥止尹前。岛具对所得诗句，“推”字与“敲”字未定，神游象外[③]，不知回避。退之立马久之，谓岛曰："'敲'字佳。"遂并辔[4]而归，共论诗道，留连累日，因与岛为布衣之交[5]。

（选自宋阮阅《诗话总龟》）

注释：

①炼：炼字，用心推敲，使文章的词句精准而有表现力。

②京兆尹：相当于今日首都的市长。

③神游象外：思想离开了眼前的事物。

④并辔（pèi）：并驱，骑马一同走。

⑤布衣之交：平民之间的交往、友谊，也指显贵与无官职的人相交往。

【文意疏通】

有一首唐诗这样写道："莫话诗中事，诗中难更无。吟安一个字，拈断数茎须。险觅天应闷，狂搜海亦枯。"可见作诗炼句很辛苦。就是杜甫这位诗圣也在《江上值水如海势聊短述》中说："为人性僻耽佳句，语不惊人死不休。"相传贾岛在其《送无可上人》一诗下加注一首小诗，说："两句三年得，一吟双泪流。知音如不赏，归卧故山秋。"可见贾岛作诗炼句之辛苦。中国历史上有一个关于"推敲"的故事，主人公就是贾岛。

贾岛初次参加科举考试，住在京城里。有一天，他骑在驴背上赶路，骑着骑着就想到了两句诗："鸟宿池边树，僧敲月下门。"他想来想去，是用"推"好呢，还是用"敲"好呢？他觉得用"敲"好，后来又想用"推"字来替换"敲"。就这样，他反复思考，无法确定下来，不知不觉中，便在驴背上吟咏起来，还伸出手来，一会儿做做推的姿势，一会儿又做做敲的姿势。他这个样子让路旁看

到的人都感到很惊讶，有的人还放声大笑。这时候，正前方一队车马迎面而来，这是当时的地方长官韩愈在出巡。贾岛沉浸在“推敲”中，哪里顾得上什么车马？他在不知不觉中就走到了韩愈仪仗队的第三节，还在不停地做着“推敲”的手势。于是，他被韩愈的侍从推拥着来到韩愈的面前。贾岛这才恍然大悟，便详细地解说自己正在思考诗句，无法确定用“推”字还是用“敲”字，走了神，不知回避。韩愈也是一位诗人，他哈哈一笑，停下了车马，想了好一会儿，告诉贾岛：“用‘敲’字吧，这个字好！”于是两个人并排而行，一个骑驴，一个骑马，一同讨论起作诗的方法来，相互舍不得离开，在一起待了好几天。就这样，韩愈和贾岛结下了深厚的友谊。

【义理揭示】

锋利的刀剑，需要铸造；有力的文辞，需要推敲。珍爱语言，就是尊重自己的思想和情感，因为语言是表达思想和情感的工具。

十二　咽咽学楚吟

【原文选读】

长吉[①]细瘦，通眉[②]，长指爪，能苦吟疾书。最先为昌黎韩愈所知。所与游者，王参元、杨敬之、权璩、崔植辈为密。每旦日出，与诸公游，未尝得题然后为诗，如他人思量牵合以及程限[③]为意。恒从小奚奴，骑**駏驉**[④]，背一古破锦囊，遇有所得，即书投囊中。及暮归，太夫人[⑤]使婢受囊出之，见所书多，辄曰：“是儿要当呕出心乃已尔。"上灯，与食。长吉从婢取书，研墨叠纸足[6]成之，投他囊中。非大醉及吊丧日率如此，过亦不复省[7]。王、杨辈时复来探取写去。长吉往往独骑往还京、洛，所至或时有著，随弃之，故沈子明家所余四卷而已。

（选自唐李商隐《李贺小传》）

注释：

①长吉：李贺，唐朝著名诗人。

②通眉：又叫连心眉，即两条眉毛几乎长到了一起。

③程限：程式和限度，即指诗歌形式上的规范。

④**駏驉**：古代一种似骡的兽，这里指驴子。

⑤太夫人：指李贺的母亲。

⑥足：补充。

⑦省（xǐng）：检查、察看。

【文意疏通】

提起李贺，不由得让人一声哀叹。他天生高才，迷恋吟诗，二十七岁就英年早逝。李贺，字长吉，他像个充满好奇和幻想的孩子，用生命铸造着诗的世界。诗歌成了他的生命，他的生命又幻化为诗歌。他的诗歌力求创新，富有想象，构思精巧，有着奇崛愤激、凄凉幽冷的风格。李贺是天才诗人，被后人称为"诗鬼"。

李贺生来就单薄瘦弱，两边的眉毛长得连在了一起，手指长长的。他整天苦苦吟诗，每得一句就快速地记下来。他最先被昌黎人韩愈所赏识。在与他一起交游的人中，王参元、杨敬之、权璩、崔植和他的关系最为密切，李贺每天都与他们一同出游。他写诗不以符合规范为目的，从不像别人那样，先确立好题目，再按照法式连缀成篇。他常常让一个小书童跟随着自己，自己则骑着一头小驴子，背着一个破旧的丝袋子。每当心有所得，就在纸上写下句子，将之投入丝袋。李贺这样苦苦吟诗，母亲看在眼中，疼在心里。每当他晚上回到家里，母亲就让婢女取来丝袋，把他写的诗句都倒出来。看到他写了这么多诗句，母亲就说："哎呀，这个孩子一定要把心肝呕出来才算罢休啊。"说完就去点灯，给李贺送饭吃。然后李贺又从婢女那里取来写好的诗句，研墨叠纸，将之补充成完整的诗，再放到其他的袋子里。如果不是大醉以及吊丧的日子，他都会这样做，完成以后，他就不会再去查看那些诗作了。王参元、杨敬之等人随时前来，把李贺的诗从袋子里取出来，抄好带走。李贺经常独自骑着驴子在京城长安和洛阳之间来往，他在所到达的地方时常会有诗作，可他很随意地就将之丢弃了，所以他放在沈子明家的诗仅仅剩下四卷。

李贺在《伤心行》中写道："咽咽学楚吟，病骨伤幽素。"事实上，李贺有着皇族血脉，有着强烈的政治抱负，极富诗歌才华，但是他"怀才不遇"，一生都郁郁不得志，只能以苦苦吟诗来作为生命的寄托。

【义理揭示】

李贺对苦吟达到了痴迷的程度。李贺为诗而生，为诗而活，为诗而死。诗人在失意的现实生活中，建构了一个充满梦幻和诗意的世界，获得生命的快乐和意义。

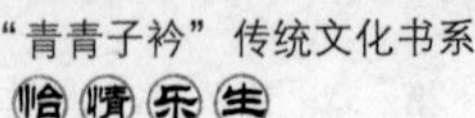

文化倾听

英国的汤因比在《历史研究》中有一个论断：人类历史上曾出现过众多的文化形态，可只有一种文化体系是长期延续发展、从未中断过的，这就是中国的传统文化。而我们可以自豪地说，中国是诗的国度，从先秦的风骚华章到汉魏的乐府情韵，从刚健清婉的唐宋诗词到浅吟低唱的元曲，无不蕴涵着丰厚的思想文化内涵和沁人心脾的艺术魅力。

战国时期，屈原在《离骚》中就表达了坚守理想、抗击黑暗的精神和强烈的爱国主义思想。"路曼曼其修远兮，吾将上下而求索"表达了自强不息的进取精神；"惟此党人之不谅兮，恐嫉妒而折之。时缤纷其变易兮，又何可以淹留"表达了反抗黑暗、远离污浊的志愿；"陟升皇之赫戏兮，忽临睨夫旧乡。仆夫悲余马怀兮，蜷局顾而不行"表达了怀乡爱国的情怀。

坚守理想、反抗黑暗，这是文人的情志。陶渊明的"吾岂能为五斗米折腰，向乡里小儿"、李白的"安能摧眉折腰事权贵，使我不得开心颜"、文天祥的"人生自古谁无死，留取丹心照汗青"——这都是自古以来中国文人的气节。从屈原到陶渊明，从李白的傲岸人格到陆游的"零落成泥碾作尘，只有香如故"，再到于谦的"粉骨碎身浑不怕，只留青白在人间"——这些无不彰显了文人对个性和理想的坚守。

建功立业、经世济民，这是文人的情结。中国历代文人无不心怀治国平天下的志向。李白被称为"诗仙"，终其一生都摆脱不了

大鹏的意象，渴望建功立业。在被流放夜郎的途中忽遇赦命，他庆幸自己的政治前途有了光明，吟出了“朝辞白帝彩云间，千里江陵一日还。两岸猿声啼不住，轻舟已过万重山”这样流传千古的诗句。“诗圣”杜甫的诗歌表达了忧国忧民的情怀，《茅屋为秋风所破歌》就非常生动而形象地表现了他的仁爱精神。

返璞归真和经世济民，这是文人情怀的两面。孟子说：“达则兼济天下，穷则独善其身。”苏轼有着远大的政治抱负，他能将儒、释、道融会贯通，在磨难中走向成熟，力求达到超脱旷达的境界，真正做到了“兼济”与“独善”的统一。

忠于爱情、追求自由，这是文人绕不开的永恒话题。诗歌的源头《诗经》中的《关雎》《静女》等诗篇，被美国学者认定为后世爱情诗不可逾越的诗篇。《诗经》中的《蒹葭》表现了对爱情的执着追求，汉乐府叙事诗《孔雀东南飞》表达了誓死捍卫爱情的决心。苏轼的《江城子》深沉哀痛：“十年生死两茫茫。不思量，自难忘。”陆游的《钗头凤》凄婉感人：“东风恶，欢情薄，一怀愁绪，几年离索。”诗人对爱情的忠贞和执着可歌可泣。

诗，这一中华民族优秀传统文化的媒介，魅力恒久不衰。历代文人都追求诗歌艺术的纯粹，在语言艺术上容不得半点瑕疵。贾岛“推敲”、李贺痴迷“学楚吟”、李白爱楚风……他们对汉语艺术的不懈追求，是对民族文化的贡献，值得后人学习。

诗人的情怀铸就了中华民族的传统文化，毋庸置疑，这些文化将对今人的生活方式和内在精神继续产生影响，对人类进步和世界文明继续产生影响。

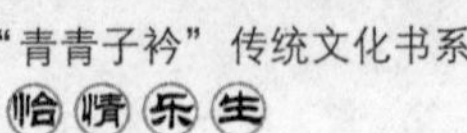

文化传递

在今天改革开放的中国，如何继承诗歌这一文化遗产，是我们需要研究的课题。

叶嘉莹先生几乎用尽一生来从事古典诗歌的教学，传承中华民族的优秀文化传统。她以自身的生命体验来感悟诗人敏感而丰富的内心世界。她的足迹遍布世界各地，她的讲述和著作唤醒了古典诗词的生命之美，给人们带来了许多感动。曹书杰在《中国传统文化及经典诗文的时代走向》一文中说：“读叶嘉莹先生的著作、文章及聆听她在媒体上的讲座，感触良多。正是在她的引导下，我感觉自己不仅认识了古人，理解了古人，多少也懂得了古人的心境和情思。……中国古代诗文是中国人的思维方式、情感志趣、价值观念的一种诗化表达，可以说读懂了中国古代诗文，才算完整地认识了我们这个民族，才能认识这种文化绚烂多姿的美学价值，才能感受到这种文化中所蕴涵的崇高质雅的人文风尚，才能分享这种文化博大精深的思想内涵。”

美国著名学者弗兰克·N·麦吉尔于1949年组织一批专家、学者编纂了《世界名著鉴赏大辞典》，辞典认为《诗经》对于纯美爱情的描写达到了后世诗歌不可超越的高度。当我们沉浸在中国古典诗歌中，便能够深切地感受到诗人敏锐的感触和美好的心灵。《诗经·静女》中那痴情而又青涩的青春悸动、《诗经·蒹葭》中那可望而不可即的爱情追寻，具有穿越历史时空的力量。我们阅读古典诗歌，就是走进中华文化，唤醒人们的心灵，从而感受生命。

阅读诗歌的意义不仅仅在于了解诗人，了解诗的技法，了解过

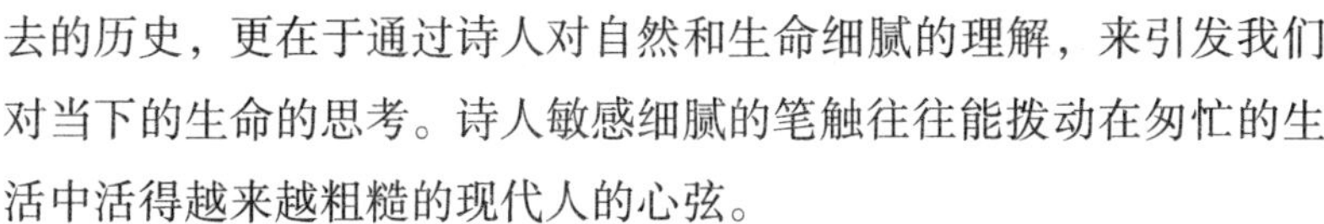

去的历史，更在于通过诗人对自然和生命细腻的理解，来引发我们对当下的生命的思考。诗人敏感细腻的笔触往往能拨动在匆忙的生活中活得越来越粗糙的现代人的心弦。

沉浸、唤醒、感发，这是古典诗歌文化传承的根本所在。

诗歌可以增强民族的凝聚力，可以提高国民的道德水准。但诗歌的传承需要直达内心，以我们之心感受诗人之情，以诗人之心唤醒我们之情——这就需要我们在当今浮躁的网络时代不懈地努力，比如大力提倡青少年吟诵古典诗歌，为青少年提供更多的贴近心灵的诗歌选本，组织有效的活动引导他们走进诗歌的世界，激励人们创作诗歌表达美好的情感。我们应该向叶嘉莹先生学习，努力弘扬中华古典诗歌文化，让这一传统深入民心，走向世界。

1. 读罢“诗——文人情志”的系列故事，让你最受感动的是哪一个故事？请写出让你感动的三条理由。

2. 贾岛、韩愈的“推敲”和李贺作诗的痴迷给你带来哪些启示？

3. 当我们热衷于流行歌曲的时候，时常会发现有些歌词的情感格调甚至遣词用句的方式都与古代的诗词有着某种相似性，细细回味颇觉高雅。你是否有过同样的感受？想想看：是经典的古诗词孕育了动听的流行歌曲，还是普遍传唱的流行歌曲复活了古典诗词？

第二章　书——形神和美

一　汉文字源流

【原文选读】

古者包羲氏[①]之王[②]天下也，仰则观象于天，俯则观法于地，视鸟兽之文与地之宜[③]，近取诸身，远取诸物，于是始作《易》八卦[④]，以垂宪象[⑤]。及神农氏[⑥]结绳为治而统其事，庶业其繁，饰伪萌生。黄帝之史仓颉，见鸟兽蹄迒之迹，知分理之可相别异也，初造书契[⑦]。“百工以乂，万品以察，盖取诸夬”“夬扬于王庭[⑧]”。言文者宣教明化于王者朝廷，君子所以施禄及下，居德则忌也。仓颉之初作书，盖依类象形[⑨]，故谓之文[⑩]。其后形声相益[⑪]，即谓之字。文者，物象之本；字者，言孳乳[⑫]而浸多也。著于竹帛谓之书，书者如也[⑬]。以迄五帝三王之世，改易殊体[⑭]。封于泰山者七十有二代[⑮]，靡有[⑯]同焉。

（选自汉许慎《说文解字》序）

注释：

①包羲氏：即伏羲氏，传说中人类文明的始祖，他创制八卦，指导渔猎畜牧，被尊为“三皇”之首。

②王：统治、治理。

③文：指鸟兽行迹。宜，通“仪”，地理形态。

④八卦：古代哲学推理的符号化系统。用阳爻“—”和阴爻“- -”代表矛盾的两个方面，按照阴阳因素的多少和位置顺序，组成八种图形，代表矛盾发展变化的八种类型，叫八卦。

⑤以垂宪象：用来显示事物变化的基本法则。宪，大法、法则。

⑥神农氏：传说中的上古帝王，发明农具，发现药草。

⑦书契：即文字，传说是由黄帝的史官仓颉创制的。

⑧扬于王庭：在朝廷上宣布实施，即政策畅通。

⑨依类象形：按事物的种类摹画外形。

⑩故谓之文：因此把所画的形迹叫做文。

⑪形声相益：表形和表音互相配合而提高了表意的作用。

⑫孳（zī）乳：繁衍。

⑬如也：字形就如事物的形状。

⑭改易殊体：经过改变，字形完全不同了。

⑮七十有二代：七十二代，泛言经历很多代。

⑯靡有：很少有。

【文意疏通】

神奇的中国汉字是怎样产生的，又是怎样演变发展的呢？东汉的许慎通过对先秦以来的汉字演变规律进行研究，发现了古人造字的原理。今天看来，他的解释大部分是正确的。即便是一些传说故事，也能够说明文字产生和发展的一些规律。

上古的传说故事讲当初伏羲氏治理天下之时，他仰头观望天象，俯身视察地理，观察鸟兽的形迹和大地的脉理，近的就取法自身身体，远的就取法身外众物，在这个基础上，创作了《易经》和八卦，用卦象向人揭示吉凶。到了神农氏的时代，人们开始使用结绳记事的办法治理社会，管理当时的社会事务，不过，随着社会上的行业和杂事日益繁多，弄虚作假的事儿也萌生且多了起来，结绳记事的方法已经很难再被用于管理社会事务。到了黄帝的时代，史官仓颉看到鸟兽的足迹，悟出依据纹理差异辨别鸟兽的原理，于是开始创造文字。文字用于社会之后，众多的功业都因此得以理顺，全部的事物都因为这样的记录而变得明明白白。仓颉造字的本意，大概取意于《夬卦》。《夬卦》说，臣子应当辅佐君王，使王政畅行。这就是说，仓颉创造文字是为了宣扬政令、倡导风范，有助于君王施政。君王运用文字工具，更便于向臣民施予恩泽，而臣民又应以立德为本，绝对不能够因为懂得文字就去捞取爵禄。仓颉初造文字，是按照物类画出形体，所以叫做“文”，随后又造出合体的会意字、形声字，以扩充文字的数量，这些文字就叫做“字”。叫它为“字”，是说它来自“文”的孳生，使文字的数量增多。把文字写在竹简、丝帛上，叫做“书”，“书”意味着写事像其事。文字经历了“五帝”“三王”的漫长岁月，有的改动了笔画，有的造了异体，字形字体差异很大，所以在泰山封禅祭天的七十二代君主留下的石刻中，字体很少有相同的。

【义理揭示】

许慎的《说文解字》从汉字的构造机理详尽地对当时所见的全部汉字进行了科学的解说，是今人研究、使用、发展汉字的重要工

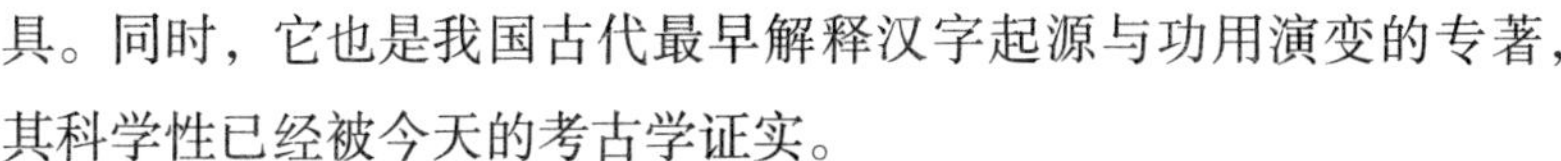

具。同时，它也是我国古代最早解释汉字起源与功用演变的专著，其科学性已经被今天的考古学证实。

许慎的发现也证明：文字是人类文明发展的产物。文字是古人在社会实践中发明的，根据社会生产、社会管理的需要，文字一直在不断地进行丰富和完善。

二　钟繇专学书

【原文选读】

魏钟繇[①]，字元常。少随刘胜入抱犊山[②]，学书三年，遂与魏太祖、邯郸淳、韦诞[③]等议用笔。繇乃问蔡伯喈[④]笔法于韦诞，诞惜不与。乃自捶胸呕血。太祖以五灵丹救之，得活。及诞死，繇令人盗掘其墓，遂得之。由是繇笔更妙。繇精思学书，卧画被穿过表[⑤]，如厕[⑥]终日忘归。每见万类，皆书象之。繇善三色书[⑦]，最妙者八分[⑧]。

（选自南朝宋羊欣《笔阵图》）

注释：

①钟繇：三国时魏国大臣，书法家。

②抱犊山：山名，在今天河南省境内。

③魏太祖：即曹操。邯郸淳：魏文学家，对书法很有研究。韦诞：魏国书法家。

④蔡伯喈（jiē）：东汉人，擅长书画。

⑤被穿过表：被子被手画穿了。

⑥如厕：到厕所去。

⑦三色书：即楷书、行书和草书三种字体。

⑧八分：汉字的一种书体名。

【文意疏通】

文字诞生的本意主要是记事和交流，但是随着东汉造纸技术的推广，文字书写渐渐成为一种艺术。以至于到了三国的时候，文人墨客竞相研习书法的风气已蔚然成风，有甚者不惜掘墓寻求大师的真迹以演练。

魏国的钟繇，字元常，少年的时候跟随刘胜去抱犊山，学习了三年书法，后来凭着自己的书法水平和曹操、邯郸淳、韦诞等人坐在一起讨论书法技巧。钟繇向韦诞借蔡伯喈的真迹，韦诞很吝啬，不愿意借给钟繇。钟繇气愤异常，捶打自己的胸部，直至吐血。魏太祖曹操用五灵丹救治钟繇，钟繇才活了过来。韦诞去世后，把蔡伯喈的真迹也带进了坟墓。钟繇就让人盗掘了韦诞的坟墓，终于得到了蔡伯喈的真迹。从此，钟繇用笔更加神妙了。钟繇非常痴迷地思考书法，即使躺在床上也不忘揣摩练字，以至于被子都被手写穿了。他上厕所也练字，甚至待在那里一整天都忘记了回房。再后来，他看到世间万物，都能够领会它们的形状以参悟书写的方法。钟繇擅长写楷书、行书、草书三种字体，写的八分字体最为精妙。

【义理揭示】

钟繇之所以能够成为一代书法大师，既源于他对书法的酷爱，更在于他专心致志的学习与钻研。他的书法至今还被人们学习；他虚心求教、忘我学习的精神更值得我们学习。当然，他为了获取书法真迹不惜盗掘他人坟墓的过激做法是不足取的。

三 王羲之学书

【原文选读】

晋王羲之，字逸少，旷①子也。七岁善书，十二见前代《笔说》②于其父枕中，窃而读之。父曰："尔何来窃吾所秘③?"羲之笑而不答。母曰："尔看用笔法?"父见其小，恐不能秘④之，语羲之曰："待尔成人，吾授⑤也。"羲之拜请："今而用之，使⑥待成人，恐蔽儿之幼令⑦也。"父喜，遂与之。不盈期月⑧，书便大进。卫夫人⑨见，语太常王策曰："此儿必见《用笔诀》，近见其书，便有老成之智。"流涕曰："此子必蔽⑩吾名。"晋帝时祭北郊，更祝版⑪，工人削之，笔入木三分。三十三书《兰亭序》。三十七书《黄庭经》。书讫，空中有语："卿书感我，而况人乎！吾是天台丈人。"自言真圣钟繇。羲之书多不一体。

（选自南朝宋羊欣《笔阵图》）

注释：

①旷：王旷，王羲之的父亲。

②《笔说》：一本谈论书法的书。

③秘：秘藏。

④秘：领悟。

⑤授：传授。

⑥使：假使 。

⑦幼令：幼年时的美好年华。

⑧不盈期（jī）月：不满一个月。盈，满。期月，一整月。

⑨卫夫人：东晋书法家。王羲之少时，曾经跟她学习书法。

⑩蔽：蒙蔽，这里引申为超过。

⑪祝版：祭神的木板。

【文意疏通】

晋朝的王羲之是我国历史上最有名的书法大师，他手书的《兰亭集序》一问世就被文人雅士奉为楷模，其真迹也成为战乱时代群雄争夺的无价之宝。据说，这幅真迹后来被唐太宗李世民得到，最后成了他的陪葬，从此后世之人不得见。那么，王羲之是怎样成为书法大师的呢？下面这个故事或许能说明问题。

王羲之，字逸少，是晋代书法家王旷的儿子。或许是受父亲的影响，羲之七岁的时候就已经擅长书法。十二岁的时候，他在父亲的枕头底下看见前人谈论书法的书，就偷偷拿来读。父亲发现后说：“你为什么要偷我的秘籍？”王羲之笑着，不好意思回答。母亲问：“你看的是用笔的方法吗？”王羲之默认了。父亲内心挺高兴，但是看他年龄太小，担心他不能领悟书中所说的用笔技法，就说：“等你长大成人以后，我再把这本书传授给你。”王羲之对父亲拜了拜说：“现在就让我看吧，等我长大成人，恐怕埋没了年幼时的美好时光。”父亲很高兴，立刻就把书给了他。王羲之按照书中的用笔技法练习了不到一个月，书法水平就有了很大进步。书法家卫夫人知道后告诉太常王策说：“这孩子一定正在看《用笔诀》，最近看他的书法，已显得很老成了。”继而流着眼泪说：“这孩子书法技艺的声望将来一定能超过我。”晋帝时，人们祭祀北郊，更换祭神的木板，工匠刻写的就是王羲之书写在木板上的字，竟发现他的笔迹已经透入木板三分深了。王羲之在三十三岁时写了《兰亭集序》，

三十七岁时写了《黄庭经》，写完后，空中有人说话："你的书法都把我感动了，更何况普通的世人呢？我是天台丈人，书法真圣钟繇。"王羲之的书法多数不是同一种字体。

【义理揭示】

此文的内容在宋代人编写的《太平广记》中也有记述。结尾的"空中人语"为这个故事增添了一抹传奇色彩。不过，王羲之的确是中国书法史上最杰出的大师。他的成功得益于豪族家庭的传承，也得益于他的天赋，更得益于他的刻苦学习。他的书法多数不是同一种字体，这说明独立创新是奠定王羲之在书法史上不可动摇之地位的根本原因。

四　右军书百钱

【原文选读】

（王羲之）性爱鹅，会稽[①]有孤居姥[②]养一鹅，善鸣，求市[③]未能得，遂携亲友命驾就观[④]。姥闻羲之将至，烹以待之，羲之叹惜弥日[⑤]。又山阴有一道士，养好鹅，羲之往观焉，意甚悦，固求市之[⑥]。道士云："为写《道德经》，当举[⑦]群相赠耳。"羲之欣然写毕，笼鹅而归，甚以为乐。其任率[⑧]如此。尝诣门生家，见棐几[⑨]滑净，因书之，真草相半。后为其父误刮去之，门生惊懊者累日。又尝在蕺山见一老姥，持六角竹扇卖之。羲之书其扇，各为五字。姥初有愠色[⑩]。因谓姥曰："但言是王右军[⑪]书，以求百钱邪。"姥如其言，人竞买之。他日，姥又持扇来，羲之笑而不答。其书为世所重，皆此类也。

（选自《晋书·王羲之传》）

注释：

①会稽：浙江绍兴地名。下文“山阴”“蕺（jí）山”也是绍兴的地名。

②姥：老妇人。

③市：购买。

④命驾就观：动身前往去观赏。命驾，命人驾车，即动身前往的意思。

⑤弥日：整天。

⑥固求市之：坚持要求买下这些鹅。

⑦举：全部。

⑧任率：任性。

⑨棐（fěi）几：用榧木做的几案。棐，通“榧”，木名。

⑩愠（yùn）色：怨怒的样子。

⑪王右军：即王羲之，因他曾官至右军将军，后世多以其官名称谓他。

【文意疏通】

王羲之的书法在当世就名声远扬，有几个小故事生动地说明了这一点。

据说，王羲之生性喜爱鹅，他听说会稽有一个老妇人养了一只鹅，鸣叫的声音很好听，就托人去游说，想把它买回来，却遭到了拒绝。他只好带着亲友动身前去老妇人家里观赏。老妇人听说鼎鼎大名的大书法家王羲之要来，就把心爱的鹅宰了，烹煮成佳肴来招待王羲之。王羲之登门后只看到餐桌上的鹅肉，这让他痛惜不已，为此叹息了整整一天。又听说山阴有一个道士，养了一些品种很好

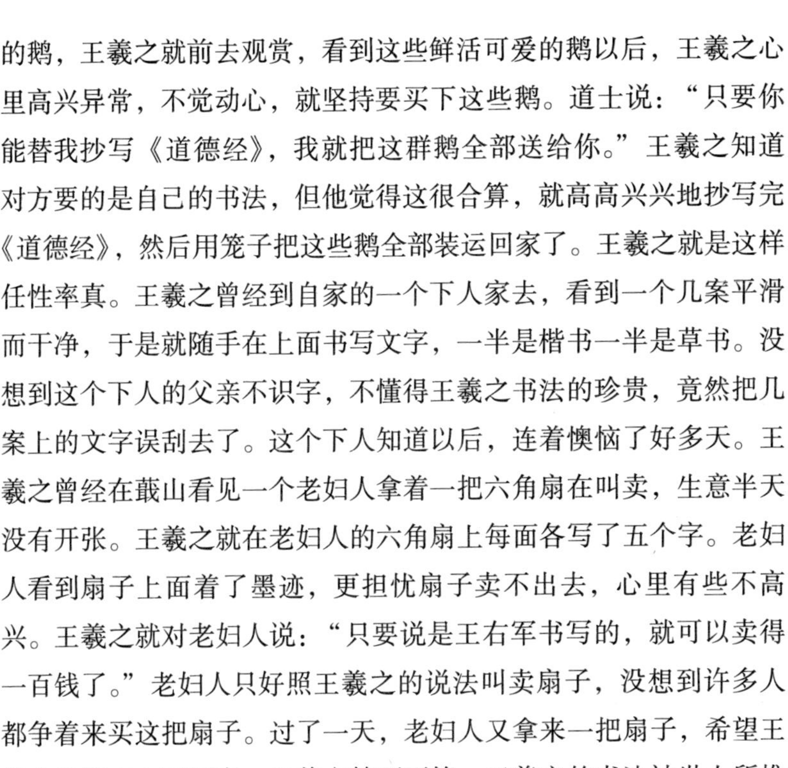

的鹅，王羲之就前去观赏，看到这些鲜活可爱的鹅以后，王羲之心里高兴异常，不觉动心，就坚持要买下这些鹅。道士说："只要你能替我抄写《道德经》，我就把这群鹅全部送给你。"王羲之知道对方要的是自己的书法，但他觉得这很合算，就高高兴兴地抄写完《道德经》，然后用笼子把这些鹅全部装运回家了。王羲之就是这样任性率真。王羲之曾经到自家的一个下人家去，看到一个几案平滑而干净，于是就随手在上面书写文字，一半是楷书一半是草书。没想到这个下人的父亲不识字，不懂得王羲之书法的珍贵，竟然把几案上的文字误刮去了。这个下人知道以后，连着懊恼了好多天。王羲之曾经在蕺山看见一个老妇人拿着一把六角扇在叫卖，生意半天没有开张。王羲之就在老妇人的六角扇上每面各写了五个字。老妇人看到扇子上面着了墨迹，更担忧扇子卖不出去，心里有些不高兴。王羲之就对老妇人说："只要说是王右军书写的，就可以卖得一百钱了。"老妇人只好照王羲之的说法叫卖扇子，没想到许多人都争着来买这把扇子。过了一天，老妇人又拿来一把扇子，希望王羲之继续在上面写字，王羲之笑而不答。王羲之的书法被世人所推崇，就像这样啊！

【义理揭示】

在这些文字中，我们看到了王羲之性格中任性率真的一面，这倒与魏晋之风颇为吻合。不过，我们从这个故事中能够真切地感受到王羲之的书法在当时受推崇的程度。人们都知其书法的价值，珍惜其书法，这说明人们对书法艺术的推崇在魏晋时代已然蔚然成风。

五 敬之不及父

【原文选读】

谢安[1]素善尺牍[2]，而轻子敬之书。子敬[3]尝作佳书与之，谓必存录，安辄题后答之，甚以为恨[4]。安尝问敬："卿书何如右军?"答云："故当胜。"安云："物论殊不尔。[5]"子敬又答："时人那得知!"敬虽权以此辞折[6]安所鉴，自称胜父，不亦过乎！且立身扬名，事资尊显[7]，胜母[8]之里，曾参不入。以子敬之豪翰，绍[9]右军之笔札，虽复粗传楷则，实恐未克箕裘[10]。况乃假托神仙，耻崇家范，以斯成学，孰愈面墙！

后羲之往都，临行题壁。子敬密拭除之，辄书易[11]其处，私为不恶。羲之还，见乃叹曰："吾去时真大醉也!"敬乃内惭。是知逸少之比钟张，则专博斯别[12]；子敬之不及逸少，无或疑焉。

（选自唐孙过庭《书谱》）

注释：

①谢安：东晋政治家。

②尺牍：长一尺的木简，古代主要用以书写文字，此处引申为书法。

③子敬：王羲之第七子王献之，东晋书法家，字子敬。

④恨：遗憾。

⑤物论殊不尔：大家的议论完全不像你说的那样。

⑥折：反驳、驳斥。

⑦事资尊显：使父母的名声得到显耀。

⑧胜母：古地名。

⑨绍：承袭。

⑩箕裘：比喻祖上的事业。

⑪易：换。

⑫专博斯别：专精与博闻的区别。

【文意疏通】

王羲之是晋代有名的大书法家，他的儿子王献之受其影响，也崇尚书法，但是，王献之的书法技艺始终不及父亲。这是什么原因呢？下面的故事值得我们反思。

晋代的政治家谢安向来擅长书法，也很欣赏王羲之的书法，不过他很瞧不起王献之的书法。王献之觉得自己的书法很好，曾经精心地写了一封信给谢安，认为谢安一定会收藏。不料谢安却径直在原信的背面写了复信，王献之看到复信以后内心深感遗憾。谢安曾经问王献之："你觉得你的书法比起你父亲来怎么样？"王献之自信地回答："当然是超过了我父亲。"谢安平静地说："世上一般人对你们父子俩的书法水平的评价完全不像你说的这样。"王献之却很不屑地答道："世俗的人哪里懂得鉴赏书法！"王献之用这种说法来反驳谢安的评判，如此狂妄地称自己的书法技艺胜过父亲，这不是太过分了吗？更何况一个人做立身行道、扬名后世之事情，本来就是首先要使父母的名誉得到显耀，好比当年曾参仅仅因为里巷的名称叫"胜母"就不肯进入一样。王献之的笔法固然承袭王羲之，但他只是粗略地学到一些法则，实际恐怕未能全部继承父亲的绝学！更何况王献之还假托遇到神仙学书法，而耻于崇尚祖传的绝技，以这种态度来学习书法，跟那些面墙而立毫无见识的人相比，又能好出多少呢？

有一次，王羲之去京城，临走时在墙壁上题写了一幅字。之后

王献之偷偷将其擦去并在原处重写了这些字，自认为写得不错。没想到王羲之回来看到王献之重新写的字，误以为这些字是自己临走时写的，非常惭愧，叹息道："字写得这么差，看样子我离开家时，真的是喝得大醉了。"一旁的王献之这才从内心感到了惭愧。王羲之与钟繇、张芝相比，只是专精与博通的区别；王献之比不上王羲之，是没什么可怀疑的。

【义理揭示】

在魏晋这个崇尚书法的时代，文人竞相攀比书法技艺，本来也无可厚非。但是，王献之虚荣心膨胀，不惜投机取巧，不惜弄虚作假，不惜贬低父亲，实在过分。王献之的书法虽承袭父亲王羲之，但他不专心研习，无法超越父亲，甚至不被谢安赏识，原因就在于此。

六 常侍登御床

【原文选读】

唐太宗贞观十四年，自真草[①]书屏风，以示群臣。笔力遒劲，为一时之绝。尝谓朝臣曰："书学小道，初非急务。时或留心，犹胜弃日[②]。凡诸艺业，未有学而不得者也，病[③]在心力懈怠，不能专精耳。"又云："吾临古人之书，殊[④]不学其形势[⑤]，惟在骨力。及得骨力，而形势自生耳。"尝召三品已上，赐宴于玄武门。帝操笔作飞白书，众臣乘酒，就太宗手中笔相竞。散骑常侍刘洎，登御床引手[⑥]，然后得之。其不得者，咸称洎登床，罪当死，请付法。

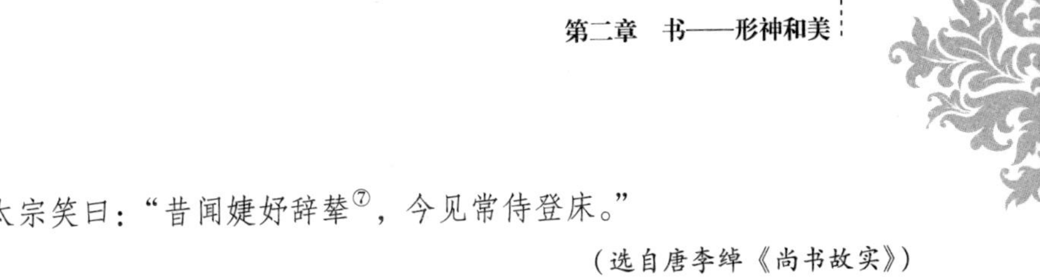

太宗笑曰："昔闻婕妤辞辇[7]，今见常侍登床。"

（选自唐李绰《尚书故实》）

注释：

①真草：一种书法字体。下文"飞白"也是一种书法字体。

②弃日：指做事情干一天停一日，类似"三天打鱼两天晒网"之意。

③病：这里指做事不成功的原因。

④殊：很。

⑤形势：指字的形体结构。

⑥引手：伸手。

⑦婕妤辞辇：此处是一典故，据说汉朝的一个宫女甘愿退居东宫而不去陪伴君王。婕妤，汉代宫中的女官名。辇，皇帝专用车驾。

【文意疏通】

唐太宗李世民是一位杰出的政治家，也是当时小有名气的书法家。因为他爱好书法，群臣竞相研习书法。君臣上下忘却尊卑、共议书法成为当时的一道风景线。

贞观十四年（640），唐太宗李世民用真草体书写了一套屏风，拿给群臣看。这套屏风的书法笔力遒劲有力，堪称当时最好的真草书法了。唐太宗曾对诸位大臣说："书法是小小的学问，初学时千万不要急于求成。天天坚持用心练笔，远远胜过'三天打鱼两天晒网'的效果。世上各行各艺，没有你用心去学习它，却一点收获也没有的。人们学习技艺不能成功的原因就在于不能聚精会神地去钻研。"唐太宗结合自己学习书法的经验说："我临摹古人的书法字帖，并不特意去效仿每个字的形体结构，而是将功夫用在摸透它的笔力风骨上面。笔力风骨悟透了，字的形体结构就自然而然地掌握了。”唐太宗经常召集三品以上的臣属们，在玄武门聚宴。太宗亲自执笔作飞白草书，诸位大臣借着酒兴，都纷纷从太宗手中拿过笔来，竞相挥毫书写。散骑常侍刘洎，竟然爬到皇帝休息的床上，从太宗手中夺过笔来。没有抢到笔的大臣们很生气，异口同声地说刘洎爬上龙床，超越了君臣的礼度，应当被判处死罪，一致要求依照当朝的法律惩办他。唐太宗知道一个人沉浸在书法艺术中会达到忘形的境界，并不认为刘洎有故意冒犯自己的意思，所以笑着说：“诸位爱卿不要这么讲！过去曾经听说汉朝时有个叫班婕妤的宫廷女官，甘愿退居东宫而不去陪伴君王。今天，我朝出了个登上龙床从君王手中抢笔书写的刘洎刘常侍！”

【义理揭示】

中国历史上的每个朝代都讲究君臣礼仪，岂容大臣登上皇帝的龙床？但唐太宗面对刘洎的失礼竟然有嘉许之意，这是为什么？这固然与其开明的性格有关，但最主要的原因还是君臣沉浸在书法技艺的鉴赏、竞技之中，气氛浓烈以至于忘形，这是当时文人尊崇书法风气的体现。本段文字不排除有特意褒扬唐太宗的可能，但是所记录的唐太宗关于书法练习的观点却是相当有见地的。

七 高正臣风调

【原文选读】

高正臣，广平人，官至卫尉卿。习右军之法，睿宗爱其书。张怀素之先[①]，与高有旧[②]，朝士就高乞书，或凭书之。高尝为人书

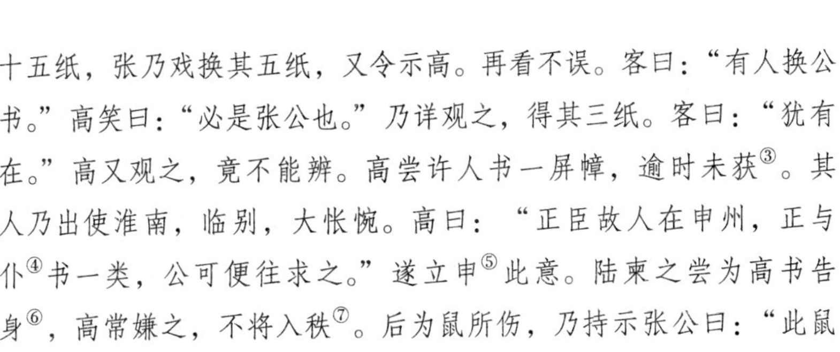

十五纸，张乃戏换其五纸，又令示高。再看不误。客曰："有人换公书。"高笑曰："必是张公也。"乃详观之，得其三纸。客曰："犹有在。"高又观之，竟不能辨。高尝许人书一屏幛，逾时未获[3]。其人乃出使淮南，临别，大怅惋。高曰："正臣故人在申州，正与仆[4]书一类，公可便往求之。"遂立申[5]此意。陆柬之尝为高书告身[6]，高常嫌之，不将入秩[7]。后为鼠所伤，乃持示张公曰："此鼠甚解正臣意。"风调不合[8]，一至于此。正臣隶行草入能。

（选自唐张怀瓘《书断》）

注释：

①先：已故前辈。

②有旧：有交往。

③未获：此处是没有写的意思。

④仆：指自己。

⑤申：（写信）说明。

⑥告身：委任官职的诏告公文。

⑦入秩：赴职上任。

⑧风调不合：指陈、高两人的格调趣味不同。

【文意疏通】

高正臣是唐代的书法家，他的故事非常有趣，从中，我们可以看到一位书法家的个性和风骨。

高正臣是唐代广平人氏，在仕途上只做到了卫尉卿一职。高正臣平生主要学习王羲之的书法，在当时颇有成就。唐睿宗就很喜爱他的书法，群臣也多以拥有高正臣的书法为荣。张怀素的前辈与高正臣家是世交，朝中的官员们，有的直接向高正臣索要书法，有的则通过张怀素向高正臣索要书法。高正臣曾经为通过张怀素向他索要墨迹的人写了十五张纸的书法字幅，张怀素在转交之前就戏弄地从中取出五张纸替换掉，之后又让人拿着换过的十五张字幅给高正臣看。高正臣看了两遍都没有看出来其中有被人替换的。索要书法的人告诉他：“有人替换了你的书法。”高正臣笑笑说：“那一定是张怀素干的。”就重新仔细审看，终于从中挑出来三张不是自己写的书法。索书的人说：“还有。”高正臣又仔细地看了看，竟然再也辨认不出来了。高正臣曾答应为人书写一个屏风，过了约定的时间却没写。这时正赶上那个人被派往淮南，临别前，那人为没有得到屏风向高正臣表示遗憾之情。高正臣告诉他：“我有位老朋友在申州，跟我写一样的书体。你可以就便请他为你写这个屏风。”同时立即寄信给他的那位老朋友讲明这个意思。陆柬之欣赏高正臣的才能，曾经亲自为高正臣书写了一份任职的文书。高正臣非常讨厌担任官职，始终不去上任。后来，这份任职文书让老鼠咬坏了。高正臣就拿着被咬坏了的任职文书给张怀素看，说：“这只老鼠很了解我的心意。”从这件事可以看出陆、高两人的格调、趣味截然不同。高正臣书写的隶书、行书、草书都不错。

【义理揭示】

俗话说，字如其人。就是说一个人书写的文字特点与这个人的品性相关。魏晋时代的王羲之任性率真、特立独行，奠定了他独特的书法风格。而高正臣学习王羲之的书法，其实也在学习他的人品。他的随性以及对官场的厌恶无不透露出魏晋文人的品性。

真正追求艺术者，固然不必消极避世，但保持独立人格却是保持艺术生命的关键。

八 蔡邕谈笔法

【原文选读】

书者，散[①]也。欲书先散怀抱[②]，任情恣性[③]，然后书之，若迫于事，虽中山兔毫，不能佳也。

夫书，先默坐静思，随意所适[④]，言不出口，气不盈息[⑤]，沉密神彩[⑥]，如对至尊，则无不善矣。

为书之体，须入其形[⑦]，若坐若行，若飞若动，若往若来，若卧若起，若愁若喜，若虫食木叶，若利剑长戈，若强弓硬矢，若水火，若云雾，若日月，纵横有可象者，方得谓之书矣。

（选自宋陈思《书苑菁华》）

注释：

①散：排遣，抒发。

②怀抱：心怀，心意。

③任情恣性：放纵性情。

④随意所适：任情适意，心境闲适。

⑤盈息：气息充满、外溢。

⑥沉密神彩：书写要神情专注，勿生杂念。

⑦须入其形：必须清楚所要书写的书法形象，这就是作书的准则或法则。

【文意疏通】

蔡邕是东汉末年的文学家、书法家。他的篆书，多采李斯的笔法；他的隶书，体法百变，从古至今都是独一无二的，被誉为“骨

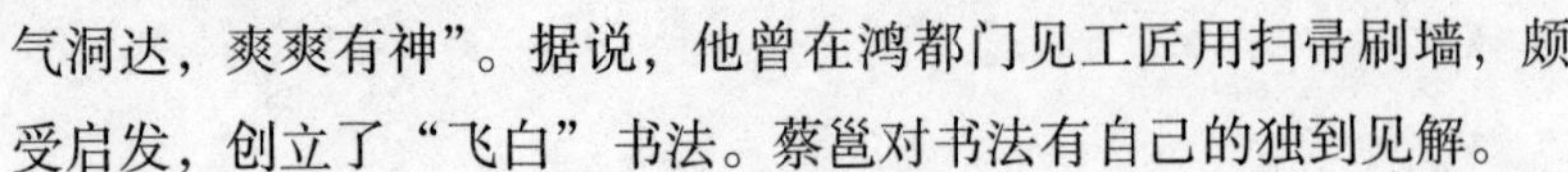

气洞达，爽爽有神”。据说，他曾在鸿都门见工匠用扫帚刷墙，颇受启发，创立了“飞白”书法。蔡邕对书法有自己的独到见解。

书法，就是要抒发书写者的性格、情操。一个人在写字时，首先要排除俗务杂念，使性情放任恣肆，产生丰富的想象，然后再执笔挥毫。如若被事务羁绊、心虑焦躁，即使用中山兔毫这样的名笔，也写不出好字来。

书写文字，先要默坐静思，放松心情，不能乱说话，要心平气和，要敬重严肃。保持深沉寂静而专注的神采，如同面对至高无上的皇帝那样，字就没有写不好的了。

书写的文字体势，应合乎某种形象。即如坐如行，如飞如动，如往如来，如卧如起，如愁如喜，如虫吃木叶，如利剑长戈，如强弓硬矢，如水火，如云雾，如日月。这些形象，在整个字势中都能有所体现，才能称得上是书法艺术。

【义理揭示】

本文先谈书写前的准备，继而谈书写时的要求，其实涉及书法艺术的基本理论——展现生活美的问题。书法之所以成为艺术，就在于它和其他艺术一样，体现着生活美和自然美。

书法家的精神状态对其书法创作影响极大。迫于事势、情绪不好，就是用最好的毛笔，也不会写出好字；只有胸襟豁达、精神集中，并且辅以好的工具，写出的字才会绝妙。

九 羲之谈笔势

【原文选读】

夫欲书者，先乾[①]研墨，凝神静思，预想字形大小、偃[②]仰、平直、振动，令筋脉相连[③]，意在笔前，然后作字。若平直相似，状如算子[④]，上下方整，前后平直，便不是书，但[⑤]得其点画耳。昔宋翼[⑥]常作此书，翼是钟繇弟子，繇乃叱之。翼三年不敢见繇，即潜心[⑦]改迹。每作一波[⑧]，常三过折笔；每作一点，常隐锋而为之；每作一横画，如列阵之排云；每作一戈，如百钧之弩发；每作一点，如高峰坠石，屈折如钢钩；每作一牵，如万岁枯藤；每作一放纵，如足行之趣骤[⑨]。翼先来书恶，晋太康中有人于许下破钟繇墓，遂得《笔势论》，翼读之，依此法学书，名遂大振。欲真书及行书，皆依此法。

（选自晋王羲之《题卫夫人〈笔阵图〉后》）

注释：

①乾：通“干”。

②偃：仰面躺下。

③令筋脉相连：比喻的说法，意思是让所写字的形和意有内在的关联。

④算子：即算盘珠子。

⑤但：只是，仅仅。

⑥宋翼：三国书法家钟繇的弟子。

⑦潜心：用心专一。

⑧波：与后面的“折”同意，即笔画之折。

⑨骤：快跑，疾速。

【文意疏通】

晋代大书法家王羲之的名声远近闻名，古今颂扬。自然，许多人都想知道他对书法这门艺术的见解。王羲之此文或可显示一二。

想要写字的人，必须先专心地展砚磨墨，逐渐安下神来静静地思考，预先想好字的大小形态、仰卧姿势，以及平直与振动的态势，使所写文字的形和意都具备内在的关联。也就是说如何写字要在下笔之前就想好，然后再下笔。如果字形的平和直相似，点画的形状也只像算盘珠子，从上到下没有变化，从前到后平直没有曲折，这就肯定不算是书法，而只不过是描出了字的点画而已。以前宋翼就常常写这样的字。宋翼是钟繇的学生，钟繇就常批评他。宋翼为此很害怕，连续好几年不敢去见钟繇，唯有暗下决心，不断练习，努力改变原来写字的方法。后来他渐渐领悟了老师的教导，每写一折笔，往往要一波三折；每写一点，总是以藏锋入笔；每写一横，就像是排云当空；每写一笔右下斜钩，就像是力敌百钧的弓弩将要发射的状态；每写一个点，就像石头从高耸的山峰顶上坠落的气势，屈折像钢钩般遒劲有力；每写一次连笔，就像历经万年的枯藤，苍劲古朴；每次书写到挥毫放纵之处，就像快步走的样子，突然而至，一气呵成。宋翼早先写的字很难看，晋朝太康时有人在许下这个地方打开了钟繇的墓穴，得到《笔势论》，宋翼于是有机会认真阅读此书，他根据书上的方法学习书法，后来名声大振。所以，想要写好楷书和行书，都应根据这个方法来学习。

【义理揭示】

王羲之谈笔势，强调"意在笔先"，这与绘画讲求的"胸有成

竹”是一致的。所谓书法，不是简单地呈现字形，而是结合自己对字形字义的理解，预先在头脑中构建形意统一的形态，然后运用合理的笔势将之书写出来，这是书法的灵魂。正因为中国书法融入了文化思想，才成为独特的文字艺术。

十　高闲学张旭

【原文选读】

苟可以寓其巧智，使机应于心，不挫于气，则神完而守固，虽外物至，不胶于心。尧、舜、禹、汤治天下，养叔[①]治射，庖丁[②]治牛，师旷[③]治音声，扁鹊[④]治病，僚[⑤]之于丸，秋[⑥]之于弈，伯伦[⑦]之于酒，乐之终身不厌，奚暇外慕[⑧]？夫外慕徙业者，皆不造其堂，不哜其胾[⑨]者也。

往时张旭[⑩]善草书，不治他技。喜怒、窘穷、忧悲、愉佚、怨恨、思慕、酣醉、无聊、不平，有动于心，必于草书焉发之。观于物，见山水崖谷，鸟兽虫鱼，草木之花实，日月列星，风雨水火，雷霆霹雳，歌舞战斗，天地事物之变，可喜可愕，一寓于书。故旭之书，变动犹鬼神，不可端倪，以此终其身而名后世。

今闲[⑪]之于草书，有旭之心哉！不得其心而逐其迹，未见其能旭也。为旭有道，利害必明，无遗锱铢，情炎于中，利欲斗进，有得有丧，勃然不释，然后一决于书，而后旭可几也。

今闲师浮屠氏，一死生，解外胶。是其为心，必泊然无所起；其于世，必淡然无所嗜。泊与淡相遭，颓堕委靡，溃败不可收拾，则其于书得无象之然乎！然吾闻浮屠人善幻，多技能，闲如通其术，则吾不能知矣。

（选自唐韩愈《送高闲上人》序）

注释：

①养叔：养由基，字叔，春秋时楚国人，擅长射箭。

②庖丁：古代的厨师。

③师旷：乐师，字子野，春秋晋国人。

④扁鹊：姓秦，名越人，春秋时郑国名医。

⑤僚：春秋时楚国勇士熊宜僚，传说善弄丸为戏，可敌五百人。

⑥秋：即弈秋，擅长下棋。

⑦伯伦：西晋刘伶，字伯伦，喜饮酒。

⑧外慕：对本行以外的事物感兴趣。

⑨胾（zì）：切割后的大块肉。

⑩张旭：擅长写草书，被称为“草圣”。

⑪闲：高闲，唐代僧人，擅长写书法。

【文意疏通】

唐代的韩愈是著名的散文大家，也是唐代古文运动的倡导者之一，“文道统一”“文以载道”是他最重要的文学主张。不过，根据本文来看，韩愈显然把这一主张扩展到了一切艺术活动上，包括书法艺术。

一个人如果要将技巧与智慧和谐地运用到某事中，必须心手相应，内心不受情绪的影响，如此才会意志坚定，自始至终不改变。即使有意想不到的外物干扰，也不会影响他的内心。上古时期的尧、舜、禹、汤躬身治理天下，养由基苦练射箭技术，庖丁精心研究宰牛分解的技巧，师旷眼睛失明却精通声律，扁鹊专注于治病救

人，熊宜僚专心做戏人丸制敌，弈秋潜心琢磨围棋对弈，刘伶沉醉诗文杯酒，他们都沉浸于自己志趣所在的事业中，一点也不知疲劳，哪里还有闲暇去对别的东西感兴趣呢？那些见异思迁的人，是不可能登入高堂雅室，尝到美味佳肴的。

过去张旭擅长写草书，就不再研习其他技艺。不论何时，即便喜怒、窘困、忧悲、愉悦、怨恨、思慕、酣醉、无聊、不平，只要内心有所动，他就一定用草书的形式把心情抒发出来。看到山水崖谷、鸟兽虫鱼、草木花果、日月星辰、风雨雷电、歌舞战斗等，天地间的万千变化，或喜或惊，他都能够以草书来表达自己的情感。所以张旭的书法，神出鬼没、变幻莫测，因此享誉后世。

如今高闲在草书方面，有意学习张旭的风格。然而高闲仅仅是在学他的字形，还没有学到他的书法精神，因此我看不出高闲得到了张旭草书的真谛。我以为学习张旭草书要讲究方法，要利害分明，不能粗枝大叶，遗失了细微的地方，情感要发自内心，大胆表现，有取有舍，然后挥毫书写，如此，才可能接近张旭的草书。

现在高闲皈依佛门，自然会觉悟生死之理，会把外界的一切都置之度外，因此内心会逐渐趋于宁静，处世也会淡然无争。内心的恬静与生活的闲适相结合，势必导致精神委靡，以致溃败不可收拾。那么高闲练习书法，势必会由于毫无生气而使字体无象无态。不过我曾听说佛家善于应变，多有技能，高闲若能精通于此，那么他的成就就是我无法预测的了。

【义理揭示】

本文表现了韩愈“抒情至上”的书法艺术观。在韩愈看来，书法作品只有表现人的内在精神才具有艺术的魅力，这就是所谓的

"机应于心"。这也正是韩愈不看好皈依佛门的高闲练习草书的原因，因为佛门之人，讲求内心宁静，而在书写中不表现灵动的内心，其书法势必了无生趣。

十一 王羲之《书论》

【原文选读】

夫书者，玄妙之伎[①]也，若非通人志士，学无及之。大抵书须存思[②]，余览李斯等论笔势，及钟繇书，骨甚是不轻，恐子孙不记，故叙而论之。

夫书字贵平正安稳。先须用笔，有偃有仰，有敧有侧有斜，或小或大，或长或短。凡作一字，或类篆籀[③]，或似鹄头；或如散隶，或八分；或如虫食木叶，或如水中蝌蚪；或如壮士佩剑，或似妇女纤丽。欲书先构筋力，然后装束，必注意详雅起发[④]，绵密疏阔相间。每作一点，必须悬手作之，或作一波，抑而后曳。每作一字，须用数种意，或横画似八分，而发如篆籀；或竖牵如深林之乔木，而屈折如钢钩；或上尖如枯秆，或下细若针芒；或转侧之势似飞鸟空坠，或棱侧之形如流水激来。作一字，横竖相向；作一行，明媚相成。第一须存筋藏锋，灭迹隐端。用尖笔须落锋混成，无使毫露浮怯，举新笔爽爽若神，即不求于点画瑕玷[⑤]也。为一字，数体俱入。若作一纸之书，须字字意别，勿使相同。若书虚纸，用强笔；若书强纸，用弱笔。强弱不等，则蹉跌不入[⑥]。

凡书贵乎沉静，令意在笔前，字居新后，未作之始，结思成矣，仍下笔不用急，故须迟，何也？笔是将军，故须迟重。心欲急

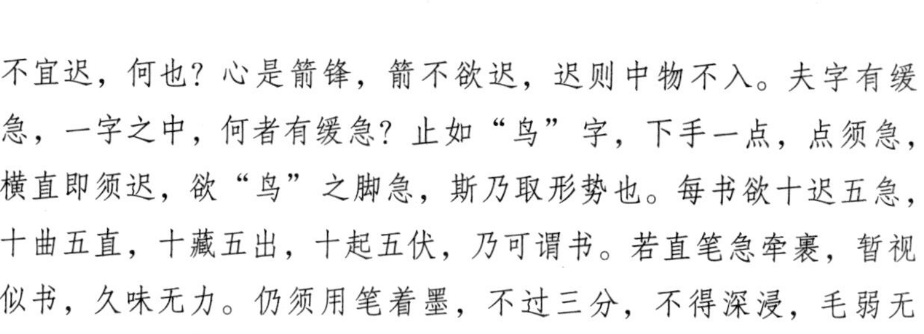

不宜迟，何也？心是箭锋，箭不欲迟，迟则中物不入。夫字有缓急，一字之中，何者有缓急？止如“鸟”字，下手一点，点须急，横直即须迟，欲“鸟”之脚急，斯乃取形势也。每书欲十迟五急，十曲五直，十藏五出，十起五伏，乃可谓书。若直笔急牵裹，暂视似书，久味无力。仍须用笔着墨，不过三分，不得深浸，毛弱无力。墨用松节[⑦]同研，久久不动弥佳矣。

（选自宋朱长文《墨池编》）

注释：

①伎：通“技”。

②存思：用心思索。

③篆籀（zhòu）：篆书及籀文。

④起发：出发，即开始提笔写字。

⑤瑕玷：玉上的斑点或裂痕，比喻小毛病。

⑥蹉跌：失势，相差。不入：不合。

⑦松节：松树的疤，因其中含有油脂，可使墨色更有光泽。

【文意疏通】

王羲之是中国历史上的书法大家，他对书法的见解值得我们学习，也值得我们认真思索，他是这样阐释书法技艺的：

书法，是一种深奥微妙的技艺，如果不是学识渊博并且有远大抱负的人，是难以学成的。通常情况下书写文字都必须用心去思考，我看李斯等人谈论笔势的文章以及钟繇的书法，傲骨气势一点也不弱，我担心子孙们不能记取，所以写下此文，略作叙述并加以评议。

书法构字，贵在平正安稳。首先要会用笔，笔势有卧有仰，有敧有侧有斜，字形有大有小，有长有短。大凡写一字，要么类似篆籀体，要么类似鹄头体；要么像散隶体，要么近似八分体；有的像虫子蚕食木叶，有的像水中蝌蚪游动；有的像壮士佩剑一样健壮有力，有的像妇女一样婉媚秀丽。书写文字要先架构出字的筋力，然后才可以略微装饰字的肉体，必须注意安详温雅，疏密相间。作点画时必须悬着手腕，作横画收笔时手腕要先向下按，然后拖笔出锋。每写一个字，要尽可能多用不同的笔意，有的字横画似八分体，下笔却又像篆籀体；有的字竖画如深林乔木，屈折时笔画却又如钢钩般有力；有的字落笔尖如枯秆，竖画收笔细如针芒；有的字转侧的笔势就如飞鸟坠空而下，有的字棱侧的形态又像流水转弯激荡而来。一个字中，纵横的笔画要相互关联；一行字中，上下字之间要连气通声。最要紧的是要注意存筋骨藏锋毫，隐没笔锋毫端的痕迹。用尖笔时落锋一定要浑然天成，不使毫露显得漂浮怯弱，用新笔要俊朗出众如有神明现身，不必过分计较一点一画的瑕疵。每写一个字都要吸收各种书体的笔法，写整幅字，就要使每个字都各有笔意，一定不要相互雷同。纸质柔软的，就用硬毫笔；纸质硬的，则用软毫笔。强弱不当就会导致笔法失势不合。

大凡提笔写书法时最重要的首先是要沉稳肃静，在动笔之前确立心中意气，在立意之后挥毫写字，未写之前，构思就已成熟了，但下笔仍然不要着急，这是为什么呢？因为笔好比是大将军，所以行事要谨慎稳重。当然，内心急切时动笔就不宜迟缓，为什么呢？因为心好比是箭头，箭发出去时就不能迟缓，一旦迟缓则不能射中物体的深处。每写一个字都有缓有急，那么，在具体写一个字时，缓急处理又体现在哪里呢？例如写"鸟"字，先下笔写一点，就要点得急，接下去的横直笔势就要缓慢些，最后一钩出锋也要迅疾有

力，这种急与缓的安排，也正是为了体现“鸟”字的形态走势。在一般情况下，练习书法的时候要十分舒缓五分急切，十分弯曲五分笔直，十分藏锋五分露锋，十分凸起五分蛰伏，这才叫书法。如果笔势仓促而舒展拘谨，乍看好像是书法作品，慢慢回味就感觉毫无笔力了。在用笔着墨方面，用力不要超过十分之三，免得浸墨太深使笔毫软弱无力。墨要和松节一道研磨，长时间这样研磨出来的墨光泽度最好。

【义理揭示】

王羲之《书论》中“心”和“意”指的是意会、意趣、情韵、情致。“势”指的是由此“心”和“意”引申出来的对于字形的具体的审美要求。在王羲之看来，“势”的把握就是对字的动态美的创造，就是书法主题个性的充分展示，无论临摹、构思，还是创作，都应该是这样。

十二　张怀瓘论书

【原文选读】

昔庖羲氏[①]画卦以立象，轩辕氏[②]造字以设教。至于尧、舜之世，则焕乎有文章。其后盛于商、周，备夫秦、汉，固其所由远矣。文章之为用，必假乎书，书之为征，期合乎道，故能发挥文者，莫近乎书。若乃思贤哲于千载，览陈迹于缣简[③]，谋猷在觌[④]，作事粲然，言察深衷[⑤]，使百代无隐，斯可尚也。及夫身处一方，含情万里，摽拔[⑥]志气，黼藻[⑦]情灵，披封[⑧]睹迹，欣如会面，又可乐也。

尔其初之微也[9]，盖因象以曈，眇不知其变化，范围无体，应会无方，考冲漠[10]以立形，齐万殊而一贯，合冥契，吸至精，资运动于风神，颐浩然于润色。

尔其终之彰也，流芳液于笔端，忽飞腾而光赫，或体殊而势接，若双树之交叶，或区分而气运，似两井之通泉，麻荫相扶，津泽潜应，离而不绝，曳独茧之丝，卓尔孤标，竦危峰之石，龙腾凤翥，若飞若惊，电烻[11]霅炽，离披烂熳，翕如电布，曳若星流，朱焰绿烟，乍合乍散，飘见骤雨，雷怒霆激，呼吁可骇也，信足以张皇[12]当世，轨范后人矣。至若磔髦竦骨[13]，裨短截长[14]，有似夫忠臣抗直补过匡主之节也；矩折规转，却密就疏，有似夫孝子承顺慎终思远之心也；耀质含章[15]，或柔或刚，有似夫哲人行藏知进知退之行也。固其发迹多端，触变成态，或分锋各让，或合势交侵，亦犹五常之与五行[16]，虽相克而相生，亦相反而相成，岂物类之能象贤，实则微妙而难名。《诗》云：“钟鼓钦钦，鼓瑟鼓瑟，笙磬同音。”是之谓也。使夫观者玩迹探情，循由察变，运思无已，不知其然。瑰宝盈瞩，坐启东山之府[17]；明珠曜掌，顿倾南海之资。虽彼迹已缄，而遗情未尽，心存目想，欲罢不能，非夫妙之至者，何以及此？

（选自唐张怀瓘《书断》序）

注释：

①庖羲氏：即伏羲氏，传说中的中国古代部落首领。

②轩辕氏：即黄帝，相传他命史官仓颉创制文字，从而开始了华夏民族教化的历史。

③缣（jiān）简：绢帛与竹简。

④觌（dí）：看见，显现。

⑤作事粲然，言察深衷：做事明朗清晰，用语言文字表达出内心深处的想法。

⑥摽（biào）拔：显扬，发扬。

⑦黼（fǔ），古代礼服上绣的黑白相间的花纹。藻：华丽的文辞。

⑧披封：拆封。

⑨尔其初之微也：指文字创立及书法刚出现时的情形。尔其，连词。微，不明显。

⑩冲漠：空虚寂静。

⑪电烻（yàn）：电闪之光，文中指火苗闪烁的样子。

⑫张皇：扩大，张狂。

⑬磔（zhé）髦（máo）竦骨：指下笔铺毫而见骨力。磔髦，毛发四张。竦骨，凸露骨骼。

⑭裨（bì）短截长：截取有余，以补不足。裨，补益。

⑮糶质含章：外观质朴，内含文采。

⑯五常：封建礼教称君臣、父子、兄弟、夫妇、朋友之间的五种关系，即君臣有义、父子有亲、夫妇有别、长幼有序、朋友有信。五行：古代称构成各种物质的五种元素，即水、火、木、金、土，常以此说明宇宙万物的起源和变化。

⑰东山之府：汉吴王刘濞收藏财物的库房。

【文意疏通】

张怀瓘是唐代开元时期的人，是我国古代书法史上少有的书学理论大师。本文作为其书论专著《书断》之序，相当准确地阐述了中国书法艺术在形成与成熟这两个不同阶段的特点。

古时候庖羲氏画八卦是为了预测万象变化的趋势，轩辕黄帝创造文字是为了向人民实施教化。到了尧、舜治理天下的时候，整个社会的文明程度到了一个很高的水平，这是因为人们已初步有了成体系的文字。此后，文字运用在商、周两代已经达到兴盛，到秦汉的时候更是相当完备了，因此中华文字的历史真的是很久远的。文字被使用，必须借助于书写，而书写的法则又恰恰符合宇宙运行的规律，所以要最大限度地发挥文字的功用，没有比书写本身更重要的了。如果你追慕千年前的贤人哲士，只要看一下他们留下的缣帛简册，从字形中就可以看出他们的宏才大略，于是他们行为处世和发自内心的言论，即使经历百代之后也不会消失，这是多么值得后人崇尚的啊！至于一个人身处远方，情系万里，他的恢宏志气，也可以借助书法来抒发。打开书法作品，就好像彼此欣然会面一样，这当然是人生的开心事呀。

早期书写文字，大概是因为物象的模糊，人们不知道字形应有的变化，书写就没有一定的体势，应变也没有明确的规则。后来，书写者在宁静的心境中体验和把握字形，将千变万化的字形统一于自然的法则中，使之合乎自然情趣，将蕴含天地的精华运用于笔端，书写者的风度神采也显示出来了，那笔墨中也能透出书写者的浩然正气。

文字书写到了成熟阶段之后，字体之美表现得更鲜明了。笔端流出的芬芳墨汁，飞腾而光亮，各种各样的书法作品层出不穷。有的字形体上有差别但笔势又是相连的，就像两棵树根枝不同，叶却交错相通；有的字体势不同，但文字之间的神气又是相互贯通的，就像两口井在地下沟通着同一股泉水。文字的笔墨之间就好像疏密错落的树下光影，隐隐相应，好像从某个蚕茧中抽丝，徐徐抽离茧体却又不断开；又好像高耸的山峰上的石头，卓尔不群；又好像龙

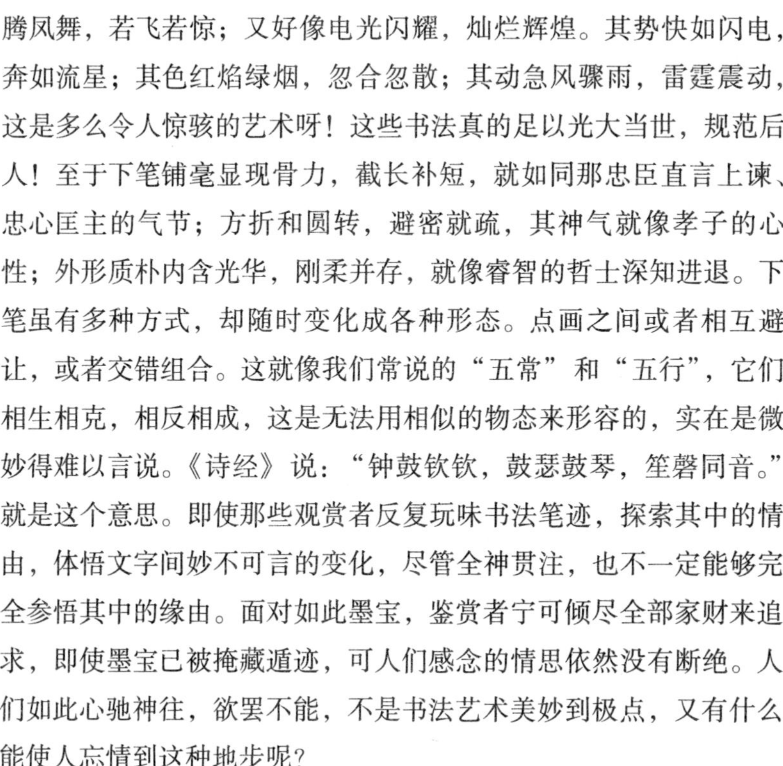

腾凤舞，若飞若惊；又好像电光闪耀，灿烂辉煌。其势快如闪电，奔如流星；其色红焰绿烟，忽合忽散；其动急风骤雨，雷霆震动，这是多么令人惊骇的艺术呀！这些书法真的足以光大当世，规范后人！至于下笔铺毫显现骨力，截长补短，就如同那忠臣直言上谏、忠心匡主的气节；方折和圆转，避密就疏，其神气就像孝子的心性；外形质朴内含光华，刚柔并存，就像睿智的哲士深知进退。下笔虽有多种方式，却随时变化成各种形态。点画之间或者相互避让，或者交错组合。这就像我们常说的“五常”和“五行”，它们相生相克，相反相成，这是无法用相似的物态来形容的，实在是微妙得难以言说。《诗经》说：“钟鼓钦钦，鼓瑟鼓琴，笙磬同音。”就是这个意思。即使那些观赏者反复玩味书法笔迹，探索其中的情由，体悟文字间妙不可言的变化，尽管全神贯注，也不一定能够完全参悟其中的缘由。面对如此墨宝，鉴赏者宁可倾尽全部家财来追求，即使墨宝已被掩藏遁迹，可人们感念的情思依然没有断绝。人们如此心驰神往，欲罢不能，不是书法艺术美妙到极点，又有什么能使人忘情到这种地步呢？

【义理揭示】

张怀瓘生动地阐述了中国书法艺术在形成与成熟阶段的特点：其一是书法艺术在形成初期，人们书写文字主要是效法自然，汲取自然万象的形态，彰显书家浩气；其二是书法艺术在成熟阶段，即汉唐文字书法时期，人们在合乎规范的书写中营构出各种生动、美好的意象，以实现“妙探于物，曲尽于心”的终极追求。这是古人第一次从“意象”的角度对中国书法艺术的特质进行深刻的揭示，对后世书法家有很大影响。

文化倾听

和世界所有民族文字产生的原因一样，汉字产生于人们对记事和交流的需求，但是和世界其他民族的文字不一样的是，汉字书写在人类文字史上"独步"发展成了一门艺术。汉字书写为什么可以发展成为一门独特的艺术呢？简言之，汉字的象形结构和汉人使用毛笔这种工具，客观上构成了书法艺术孕育的基础条件。

东汉文字学家许慎在《说文解字》的序言中曾说："依类象形，故谓之文。"这当然是在解释"文字"一词中"文"的本义，但也从另一个角度证明汉民族的早期先民们在书写文字的时候有意识地讲求"象形"，从而有一种无意识的审美追求。待到后来文字演化越来越成熟，越来越"字"化后，人们普遍将文字著于竹帛，书写的技法成分也就越来越明显了。许慎说"著于竹帛谓之书，书者如也"。再到后来，汉字的笔画逐渐趋于简化，大量汉字的"象形"特点已经弱化，虽然人们书写文字的技法日趋多样和丰富，但是由于汉字的线条架构原理并没有改变，所以人们书写文字时的"形态"意识不仅没有改变，而且架构文字形态的美学意识已经成为一种显学。这里需要指出的是，在人类文字史上，以"象形"造字的民族有很多，但只有汉民族创造的象形文字走过了五千年历史，演绎出唯一的书法艺术（日本的文字和书法其实都源自中国）。至今，有谁见过西方人用拼音字书写匾额、楹联、条幅、扇面？

另一方面，汉人书写文字的工具很特别：先秦时代人们已经开始普遍使用"毛笔"。毛笔的笔头由许多毫毛组成，每根毫毛都可

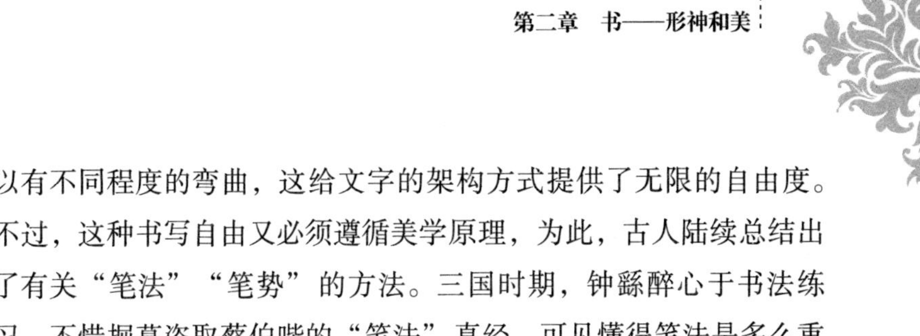

以有不同程度的弯曲，这给文字的架构方式提供了无限的自由度。不过，这种书写自由又必须遵循美学原理，为此，古人陆续总结出了有关“笔法”“笔势”的方法。三国时期，钟繇醉心于书法练习，不惜掘墓盗取蔡伯喈的“笔法”真经，可见懂得笔法是多么重要！而晋代王羲之提出的“意在笔先”的笔势理论对后世影响尤甚。当然，书写文字有共通的笔法、笔势的讲究，也允许书法家依循自己的理解加以发挥，因此不同的书法家在挥笔泼墨中会在蓄墨多少、笔力轻重和笔锋偏正等几个方面各有差异，于是形成了各自的书法风格。比如颜真卿的楷书严正丰厚而极富质感，柳公权的书法笔力遒劲挺拔而颇具骨感。

毛笔的笔头很软，所以使用毛笔写字，书写者很讲究悬腕。常言道：手腕悬空，方能随心所欲、运臂使指。也就是说，这样悬腕运笔的效果可以将书写者内在的精气神表现在文字上。由此，中国的书法艺术就诞生了“气韵说”。所谓“气”是指书法作品的气势、气格，是作家的才气、气质及精神素质在作品中的显现。而“韵”则有别于“气”，指的是一种风度、情韵，高雅、大方的格调。如果说“气”强调的是动的状态，那么“韵”则强调了静的情貌。

从历代书法的文化特征来看，中国书法艺术一直深受儒家、道家思想的浸润。儒家求实，讲实用和功利；道家则务虚，强调超功利的无为关系。中国的书法艺术既讲究着墨的形态变化，又非常注重对空白的经营，强调在无墨处施展才华，这是“儒道互补”的生动写照。从这个意义上来讲，想要真正理解中国的书法，就必须首先理解中国的文化。

从二十世纪开始，中国人在日常的学习和工作中主要使用硬笔，比如钢笔、铅笔、圆珠笔等，但是聪明的中国人依然能够巧妙地借鉴毛笔书写的技法，创造出独有的“硬笔书法”。总之，传统的审美情趣和哲学思维，成就了中国的书法艺术，使其在过去、今天一直吸引并激励着中国人。

文化传递

启功先生是当代少有的通儒、国学大师。他在诸多文化领域都卓有成就，是中国当代著名的教育家、古典文献学家、书画家、文物鉴定家、红学家、诗人。

说起来很有意思，启功先生少小就喜欢绘画，曾拜贾羲民先生习画，想要成为画家，书法不过是他的业余爱好，但是后来启功先生不仅成为著名画家，在书法领域也被称为当代的“王羲之”。

当初，年轻的启功先生学习绘画小有成就，他的一幅画被自家的长亲看中，意欲收藏。他要求启功拿去装裱，又要求启功不要在画上题字落款，要拿回家让家长代为落款，这意思很清楚：你的画还行，字拿不出手。这让启功的自尊心受到了伤害，他于是发奋学习书法。

启功先生曾先后师从贾羲民先生、吴熙曾先生习书法，还利用一切机会师法古人的书法。

启功先生曾花大量的时间和精力苦练用笔，一笔一笔地琢磨，临帖临得分毫不差，但这样写出来的字平看还可以，一挂起来就没神了。启功先生再三揣摩，发现问题出在字的“结构”上。原来，一般人学书法都从写“九宫格”或“米字格”开始，将方格分成

若干等份，但这样的格子让所有的书写者都误以为格子的“中心”是字的“重心”，事实上，每个字的“重心”不一定都在“中心”，如果刻意将字的重心都布局在格子的中心上，挂起来的字幅就失去了“精神”。启功先生发现问题所在后，认为不能把每个字都一个模式地分为“三等份”。于是，他采用了一个更为符合字形结构的划分法，这便是由他首创的“五三五”不等份。这种字形上下左右的分量较大，中间的分量较小，而不是“九宫格”那样的“九等份”——“启体”书法由此诞生！

这种经历也让启功先生进一步明白，应该师法古人，但不能被古人的清规戒律束缚。正是因为能够突破清规戒律，启功的书法才达到了既有深厚传统又有自己独特风格的境界。

启功先生精通国学，在诗（旧体诗）、画、书三个领域都成就斐然，令人敬佩。

1. 在现代生活中，人们很少将文字书写与书法艺术联系起来。如果要向全民普及书法艺术，你觉得人们应该领会书法艺术的哪些精髓？

2. 在信息时代，电脑打字代替了人工书写，越来越多的青少年疏于写字，更遑论学习书法。对此，很多人担忧中国的书法艺术将会逐渐消失，你如何看待这个问题？

第三章　琴——德艺相融

文化典籍

一　圣贤立标杆

【原文选读】

孔子学鼓琴师襄子[①]，十日不进。师襄子曰："可以益[②]矣。"孔子曰："丘已习其曲矣，未得其数[③]也。"有间[④]，曰："已习其数，可以益矣。"孔子曰："丘未得其志也。"有间，曰："已习其志，可以益矣。"孔子曰："丘未得其为人也。"有间，有所穆然深思焉，有所怡然高望而远志焉。曰："丘得其为人，黯然而黑，几[⑤]然而长，眼如望羊[⑥]，如王四国，非文王其谁能为此也！"师襄子辟席[⑦]再拜，曰："师盖云《文王操》[⑧]也。"

（选自汉司马迁《史记·孔子世家》）

注释：

①师襄子：卫国乐师。子，对别人的尊称。

②益：加，增加的意思。

③数：指演奏的技巧。

④有间：过了一段时间。

⑤几：通“颀”，颀长。

⑥望羊：也写作“望洋”，远视的样子。

⑦辟席：避席。古人席地而坐，离座而起，表示敬意。辟，通“避”。

⑧《文王操》：周文王作的琴曲名。

【文意疏通】

孔子是中国儒家学派的创始人，自古以来被称为“圣人”。他的思想不仅在中国家喻户晓，而且还名扬海外，现在很多国家都设立了孔子学院。下面的这个小故事在《史记·孔子世家》《韩诗外传》《孔子家语》《列子》中都有记载，不仅为后人树立了学习音乐的榜样，也反映出了孔子好学、善学的精神与品质。

孔子向师襄学习弹琴，可学了好多天仍然没有学到新的曲子，师襄说：“可以增加学习的内容了。”孔子说：“我几乎已经熟悉了乐曲的形式，不过还没有掌握弹琴的方法呢。”过了一段时间，师襄又说：“你已有弹奏的技巧了，可以增加学习的内容了。”孔子却说：“我还没有领会曲子的意境。”过了一段时间，师襄说：“你已经领会曲子的意境了，可以增加学习的内容了。”孔子说：“我还不了解作者的情况。”又过了一段时间，孔子神情严肃，仿佛进入了新的境界：时而庄重穆然，若有所思；时而怡然远望，意境深远。孔子说：“我知道他是谁了：那人皮肤深黑，体形颀长，目光远视，像个统治四方诸侯的天子，若不是周文王还有谁能弹奏这首乐曲呢？”师襄听后，赶紧起身拜了两拜，回答道：“我的老师也认为这的确是《文王操》。”

【义理揭示】

"学而不厌"——孔子这样说，也这样做。作为一个求学之人，我们对学业应该精益求精，而不是蜻蜓点水，浅尝辄止。对待事物，我们不仅要知其然，还要知其所以然，这样才能对客观事物或抽象事理有全面而深刻的认知。

二 绝弦为知音

【原文选读】

伯牙子鼓琴，其友钟子期听之。方鼓而志①在泰山，钟子期曰："善②哉乎鼓琴！巍巍③乎若泰山。"少选④之间，而志在流水，钟子期复曰："善哉乎鼓琴！汤汤⑤乎若流水！"钟子期死，伯牙破琴绝⑥弦，终身不复鼓琴，以为世无足为鼓琴者。非独鼓琴若此也，贤者亦然。虽有贤者，而无以接之，贤者奚由⑦尽忠哉！骥⑧不自至千里者，待伯乐而后至也。

（选自汉刘向《说苑·尊贤》）

注释：

①志：意念。

②善：好。

③巍巍：山高大耸立的样子。

④少选：不久，过了一会儿。

⑤汤汤（shāng shāng）：水大的样子。

⑥绝：断绝，引申为"剪断"。

⑦奚由："由奚"的倒装，即"由何"，从何。

⑧骥（jì）：骏马。

【文意疏通】

高山流水遇知音，知音不存，何人可共语？“伯牙绝弦”的故事流传至今，带给我们深刻的启迪和教育。

伯牙弹琴，钟子期在一旁欣赏。伯牙开始用琴声抒发自己志在泰山的情怀，钟子期情不自禁地感叹说：“弹得太好了，高昂激越，如登巍巍高山！”过了一会儿，伯牙又表达了自己志在流水的意向，钟子期又禁不住说：“弹得太好了，回旋跌宕，如临滔滔江河。”后来，钟子期不幸死去，伯牙把琴摔破，把弦扯断，终生不再弹琴。他认为失去知音，世上便再无值得为之弹琴的人了。不但弹琴是这样，贤人也是这样。虽然有贤者，但是没有人赏识，贤者又通过什么方式来尽忠呢。良马不是自己变成千里马的，是等待伯乐出现然后变成千里马的。

【义理揭示】

伯牙绝弦的故事是中华民族高尚人际关系与珍视友情的典范，这正是它千百年来广为流传的魅力所在。唐代贾岛《送别》诗云“丈夫未得意，行行且低眉。素琴弹复弹，会有知音知”、宋代王安石《伯牙》诗云“千载朱弦无此悲，欲弹孤绝鬼神疑。故人舍我归黄壤，流水高山深相知”等，无不表现出历代文人墨客对“知音”的渴求。而只有懂得珍惜，重情重义，才能拥有真正的友情。

三　琴挑美人心

【原文选读】

会[①]梁孝王卒，相如归，而家贫，无以自业。素与临邛令王吉相善，吉曰："长卿久宦游不遂[2]，而来过我。"于是相如往，舍都亭。临邛令缪[3]为恭敬，日往朝相如。相如初尚见之，后称病，使从者谢吉，吉愈益谨肃。临邛中多富人，而卓王孙家僮八百人，程郑亦数百人，二人乃相谓曰："令有贵客，为具[4]召之。"并召令。令既至，卓氏客以百数。至日中，谒司马长卿，长卿谢病不能往，临邛令不敢尝食，自往迎相如。相如不得已，强往，一坐尽倾。酒酣，临邛令前奏琴曰："窃闻长卿好之，愿以自娱。"相如辞谢，为鼓一再行。是时卓王孙有女文君新寡，好音，故相如缪与令相重，而以琴心挑之。相如之临邛，从车骑，雍容闲雅甚都；及饮卓氏，弄琴，文君窃从户窥之，心悦而好之，恐不得当也。既罢，相如乃使人重赐文君侍者通殷勤。文君夜亡奔相如，相如乃与驰归成都。家居徒[5]四壁立。卓王孙大怒曰："女至不材，我不忍杀，不分一钱也。"人或谓王孙，王孙终不听。文君久之不乐，曰："长卿第[6]俱如临邛，从昆[7]弟假[8]贷犹足为生，何至自苦如此！"相如与俱之临邛，尽卖其车骑，买一酒舍酤酒，而令文君当炉。相如身自著犊鼻裈[9]，与保庸杂作，涤器于市中。卓王孙闻而耻之，为杜门不出。昆弟诸公更谓王孙曰："有一男两女，所不足者非财也。今文君已失身于司马长卿，长卿故倦游[10]，虽贫，其人材足依也。且又令客，独奈何相辱如此！"卓王孙不得已，分予文君僮百人，钱百万，及其嫁时衣被财物。文君乃与相如归成都，买田宅，为富人。

（选自汉司马迁《史记·司马相如列传》）

注释：

①会：恰巧，适逢。

②遂：称心，如意。

③缪：通"谬"，引申为伪诈，假装。

④具：备办，准备。

⑤徒：仅仅，只。

⑥第：只管。

⑦昆：兄。

⑧假：借贷。

⑨犊鼻裈（kūn）：亦作“犊鼻裩”，今简称“膝裤”。裈，有裆的裤子。

⑩游：此处指离家奔波在外的生活。

【文意疏通】

西汉时的司马相如是集辞赋和琴艺于一身的著名文人，他凭借精湛的琴艺俘获了卓文君的芳心。他们的爱情故事世代相传，脍炙人口。

正赶上梁孝王去世，相如只好返回成都。然而家境贫寒，又没有可以维持自己生活的职业。相如一向同临邛县县令王吉相处得很好，王吉说：“长卿，你长期离乡在外，求官任职，不太顺心，可以来我这里看看。”于是，相如前往临邛，暂住在城内的一座小亭中。临邛县县令佯装恭敬，天天都来拜访相如。最初，相如还是以礼相见。后来，他就谎称有病，让随从拒绝王吉的拜访。然而，王吉却更加谨慎恭敬。临邛县里富人很多，像卓王孙家就有家奴八百人，程郑家也有数百人。二人相互商量说：“县令有贵客，我们备办酒席，请请他。”一并把县令也请来。当县令到了卓家后，卓家的客人已经上百了。到了中午，去请司马长卿，长卿却推托有病，不肯前来。县令见相如没来，不敢进食，还亲自前去迎接相如。相如不得已，勉强来到卓家，满座的客人无不惊羡他的风采。酒兴正浓时，县令走上前去，把琴放到相如面前，说：“我听说长卿特别喜欢弹琴，希望聆听一曲，以助欢乐。”相如辞谢一番，便弹奏了一两支曲子。这时，卓王孙有个女儿叫文君，刚守寡不久，很喜欢音乐，所以相如佯装与县令相互敬重，而用琴声暗自诱发她的爱慕之情。相如来临邛时，车马跟随其后，仪表堂堂，文静典雅，甚为大方。待到卓王孙家喝酒、弹奏琴曲时，卓文君从门缝里偷偷看他，心中高兴，特别喜欢他，又怕他不了解自己的心情。宴会完毕，相如托人以重金赏赐文君的侍者，以此向她转达倾慕之情。于是，卓文君趁夜逃出家门，与相如私奔，他们急忙赶回成都。文君进家所见，空无一物，只有四面墙壁立在那里。卓王孙得知女儿私奔之事，大怒道：“女儿极不成材，我不忍心伤害她，但也不分给她一文钱。”有的人劝说卓王孙，但他始终不肯听。过了好长一段时间，文君感到不快乐，说：“长卿，只要你同我一起去临邛，向兄弟们借贷也完全可以维持生活，何至于让自己困苦到这个样子！”相如就同文君来到临邛，把自己的车马全部卖掉，买下一家酒店，做卖酒生意。并且让文君亲自主持垆前的酤酒，应对顾客之事，而自己穿起犊鼻裈，与雇工们一起操作忙活，在闹市中洗涤酒器。卓王孙听到这件事后，感到很耻辱，因此闭门不出。有些兄弟和长辈交相劝说卓王孙，说：“你有一个儿子两个女儿，家中所缺少的不是钱财。如今，文君已经成了司马长卿的妻子，长卿本来也已厌倦了离家奔波的生涯，虽然贫穷，但他确实是个人才，完全可以依托。况且他又是县令的贵客，为什么偏偏这样轻视他呢！”卓王孙不得已，只好分给文君家奴一百人，钱一百万，以及她出嫁时的衣服、被褥和各种财物。文君就同相如回到成都，买了田地房屋，成为富有的人家。

【义理揭示】

司马相如颇有心计，他运用手段俘获了卓文君的芳心。但是，二人能够走到一起，应该说还是有感情的。尤其是在中国古代，他们追求个人幸福的行为，的确非常另类，值得我们思考。

四　乐不可妄兴

【原文选读】

凡音由于人心，天之与人有以相通，如景[①]之象形，响之应声。故为善者天报之以福，为恶者天与之以殃，其自然者也。

故舜弹五弦之琴，歌《南风》之诗而天下治；纣为《朝歌》北鄙[②]之音，身死国亡。舜之道何弘也？纣之道何隘也？夫《南风》之诗者生长之音也，舜乐好之，乐与天地同意，得万国之欢心，故天下治也。夫《朝歌》者不时也，北者败也，鄙者陋也，纣乐好之，与万国殊心，诸侯不附，百姓不亲，天下畔[③]之，故身死国亡。

而卫灵公之时，将之晋，至于濮水之上舍。夜半时闻鼓琴声，问左右，皆对曰："不闻。"乃召师涓曰："吾闻鼓琴音，问左右，皆不闻。其状似鬼神，为我听而写之。"师涓曰："诺。"因端坐援琴，听而写之。明日，曰："臣得之矣，然未习也，请宿习之。"灵公曰："可。"因复宿。明日，报曰："习矣。"即去[④]之晋，见晋平公。平公置酒于施惠之台。酒酣[⑤]，灵公曰："今者来，闻新声，请奏之。"平公曰："可。"即令师涓坐师旷旁，援琴鼓之。未终，师旷抚而止之曰："此亡国之声也，不可遂[⑥]。"平公曰："何道出？"师旷曰："师延所作也。与纣为靡靡之乐[⑦]，武王伐纣，师延东走，自投濮水之中，故闻此声必于濮水之上，先闻此声者国削。”平公曰：“寡人所好者音也，愿[8]遂闻之。”

一奏之，有白云从西北起；再[9]奏之，大风至而雨随之，飞廊瓦，左右皆奔走。平公恐惧，伏于廊屋之间。晋国大旱，赤地三年。

太史公曰：音乐者，所以动荡[10]血脉，通流精神而和正心也。故乐音者，君子之所养义[11]也。夫古者，天子诸侯听钟磬未尝离于庭，卿大夫听琴瑟之音未尝离于前，所以养行义而防淫佚[12]也。夫淫佚生于无礼，故圣王使人耳闻雅颂之音，目视威仪之礼，足行恭敬之容，口言仁义之道。

（选自汉司马迁《史记·乐书》，有删改）

注释：

①景：通“影”，影子。

②北鄙：北方鄙野。

③畔：通“叛”，背叛，违背。

④去：离开。

⑤酣：酒喝得很畅快。

⑥遂：成功，顺遂。

⑦靡靡之乐：柔弱、颓靡的音乐。

⑧愿：希望。

⑨再：第二次。

⑩动荡：使……运动。

⑪养义：培养道义。

⑫淫佚：放荡。

【文意疏通】

在下面的故事中，我们可以领悟到司马迁对音乐独特的认识。

所有的音乐都是因人的心性而生的，上天和人的心性有相通的地方，如同影子像人的形体一般，回响和原来的声音相应和一样。所以行善的人，上天用福祉回报他，作恶的人，上天给予他灾祸，这是自然的事。

所以舜弹奏五弦之琴，唱《南风》之诗，而天下升平；纣王制作《朝歌》北方鄙野的歌曲，结果是身死国亡。舜治理国家的方法为什么那样的宽宏？纣治理国家的方法为什么那样狭隘？大概就是因为《南风》之诗的主题属于生长蕃育之音，舜非常爱好这种音乐，爱好与天地自然的心意相同，能得到天下万民的欢心拥戴，所以天下大治。至于《朝歌》，一大早就唱歌，时间上就很不合适，而且“北”有败北的意思，“鄙”是粗鄙的意思，但是纣却非常喜爱这种音乐，与万国人民的心意不同，于是诸侯不愿附从，百姓不愿亲近，天下所有的人都背叛反对他，结果必然是身死国亡。

在卫灵公的时候，他要去晋国，途中在濮水的上游住宿，半夜里忽然听到有弹琴的声音，就询问身旁的侍从，侍从都回答说：“没有听到。”于是卫灵公就找来师涓说：“我听到了弹琴的声音，询问侍从，他们都说没有听到。这种情形好像鬼神在弹奏，你替我仔细听并记下来吧。”师涓说：“好的。”于是师涓就端正地坐好，手抚在琴上，一面仔细聆听，一面认真地记录。第二天回复卫灵公说：“我记下昨晚听到的这支曲子，但是我还没有练习弹奏过，请允许我再留宿一晚练习这首曲子。”卫灵公说：“行。”于是又住一晚。第二天，师涓向卫灵公说：“我弹熟了。”于是君臣离开濮水去晋国，朝见晋平公。晋平公在施惠台摆酒为卫灵公接风。酒喝到正起兴的时候，卫灵公说："我来的路上，听到了一支新曲子，请让我的乐工为您演奏吧。"晋平公说："好呀。"于是就叫师涓坐在师旷的旁边，拿来琴演奏起来。还没弹完，师旷就按住琴弦阻止他说："这是亡国之音，不能再演奏了。"晋平公说："你的说法有什么道理吗?"师旷说："这是师延谱写的曲子，是为昏庸霸道的纣王谱写的靡靡之音。武王伐纣的时候，师延朝东逃跑自投濮水而死。所以这支曲子一定是在濮水河上听到的，先听到这支曲子的国家要被削弱。"晋平公说："我平生所喜好的就是音乐，请你让我听完吧。"

演奏第一乐章时，白云从西北方升起来，演奏第二乐章时，大风就来到了，大雨随后也到了，掀翻了门廊，揭开了屋顶上的瓦片，身旁的随从都四散逃开了。晋平公也害怕地趴在门廊和堂屋之间。后来晋国发生了大旱，土地荒芜，三年没有收成。

太史公说：音乐是可以用来使血脉流动、精神畅通、内心平和的东西。所以爱好音乐是君主用来培养仁义的方法。古代的天子诸侯必须要听钟磬之声，所以钟磬从来没有离开过庭院；卿大夫必须要听琴瑟之声，所以琴瑟从未离开过自己的眼前，这是用来培养仁义、防止淫靡荒唐的方法。淫靡荒唐的事情，往往出现在没有礼节的地方，所以圣明的君主要让人听到高雅、催人上进的音乐，眼睛要看到严正威仪的礼事，脚下的行动必须保持恭敬的容态，口中谈论的都是仁义的道理。

【义理揭示】

本文总结了"乐不可妄兴"的历史经验，强调以雅、颂之音去

"养行义而防淫佚""使天下归于治"的道理，体现了音乐的社会功能和教化作用。

五 焦尾琴传奇

【原文选读】

吴人有烧桐以爨[①]者，邕[②]闻火烈之声，知其良木，因请而裁为琴，果有美音，而其尾焦，故时人名曰"焦尾琴"焉。

初，邕在陈留[③]也，其邻人有以酒食召邕者，比[④]往而酒已酣焉。客有弹琴于屏[⑤]，邕至门试[⑥]潜听之，曰："嘻！以乐召我而有杀心，何也？"遂反。将命者[⑦]告主人曰："蔡君向[⑧]来，至门而去。"邕素为乡邦所宗[⑨]，主人遽[⑩]自追而问其故，邕具以告，莫不怃然[⑪]。弹琴者曰："我向[⑫]鼓弦，见螳螂方向鸣蝉，蝉将去而未飞，螳螂为之一前一却。吾心耸然，惟恐螳螂之失之也，此岂为杀心而形于声者乎？"邕莞然而笑曰："此足以当之矣。"

（选自南朝范晔《后汉书·蔡邕列传》）

注释：

①爨（cuàn）：烧火做饭。

②邕（yōng）：指蔡邕，东汉末年文学家、音乐家。

③陈留：地名，今河南杞县。

④比：及，等到。

⑤屏：屏风。

⑥试：试探。

⑦将命者：奉命邀请（他）的人。将，带领，携带，此处为"邀请"之

意。命，指派，差遣。

⑧向：前往。

⑨宗：尊崇，敬仰。

⑩遽（jù）：迅速。

⑪怃（wǔ）然：怅然失意的样子。

⑫向：刚才。

【文意疏通】

蔡邕是东汉末年的文学家和音乐家，他在音乐上极有天赋，尤其深晓琴音。蔡邕的"焦尾琴"与齐桓公的"号钟"、楚庄公的"绕梁"、司马相如的"绿绮"被并称为中国古代"四大名琴"。

吴地有人燃烧桐木做饭，柴火在炉灶中发出噼里啪啦的响声。蔡邕正好从旁边经过，听到桐木燃烧爆裂的声音，立即感觉到这是制作琴的上好材料，于是急忙请求烧饭的人把这块木材抽出来，扑灭上面的火。蔡邕精心制作了一张古琴，这张琴果然能够发出好听的声音，但琴的尾部是焦的，所以当时的人给它起名为"焦尾琴"。

当初蔡邕住在陈留时，他的邻居准备了酒菜请他赴宴，他去的时候邻居们已经喝得兴起了。座上有个客人在屏风后面弹琴，蔡邕到了邻居门口，一听到琴声，非常震惊，寻思道："奇怪啊！请我喝酒，音乐却藏有杀心，是怎么回事呢？"于是赶快跑回去了。去邀请他的人赶忙告诉主人说："蔡先生前来，到了门口就又回去了。"蔡邕向来被乡里人尊重，主人赶紧追上去询问原因，蔡邕把原因告诉他，大家都感到很惊讶。弹琴的人说："我刚才弹琴的时候，看见一只螳螂正要扑向鸣蝉，蝉将要飞走还没有飞走，螳螂的动作一前一后。我心里有些担心，唯恐螳螂丧失了机会，这难道就

是所谓的杀心流露到了音乐中去了吗?”蔡邕笑着说:“你的演奏足以表明此意。”

【义理揭示】

蔡邕与焦尾琴的故事以及他高深的琴道悟性生动地注解了古琴艺术的特点，同时告诉我们：再珍贵的宝物，如果没有识宝之人，最终只能是遭遇被抛弃的命运，难怪唐代的韩愈感叹：“世有伯乐，然后有千里马。”

六 献琴知世风

【原文选读】

工之侨[①]得良桐焉，斫而为琴，弦[②]而鼓之，金声而玉应。自以为天下之美也，献之太常[③]。使国工[④]视之，曰：“弗古。”还之。

工之侨以归，谋诸漆工，作断纹焉；又谋诸篆工，作古窾[⑤]焉。匣[⑥]而埋诸土，期年[⑦]出之，抱以适市。贵人过而见之，易之以百金，献诸朝。乐官传视，皆曰：“希世[⑧]之珍也。”

工之侨闻之，叹曰：“悲哉世也！岂独[⑨]一琴哉？莫不然矣！而不早图之，其与亡矣。”遂去，入于宕冥之山，不知其所终。

（选自明刘基《郁离子》）

注释：

①工之侨：虚构的人物。

②弦：装上弦。

③太常：官名。九卿之一，掌管礼乐郊庙社稷事宜。

④国工：喻国内技艺最高超的乐师。

⑤古窾（kuǎn）：古代的款识。窾，通“款”，古代鼎彝器上刻铸的文字。

⑥匣：用匣装。

⑦期年：满一年。

⑧希世：世上少有。希，通“稀”。

⑨岂独：难道只是。岂，难道。独，只。

【文意疏通】

刘基是元朝末年的进士，他辅佐朱元璋完成帝业、创建明朝并尽力保持国家的安定，因而天下驰名，被后人比为诸葛孔明。刘基在文学史上的成就也非常突出，尤以散文最佳。本篇寓言含义深刻，发人深省。

工之侨得到一块质地优良的桐木，他认真地砍伐削斫，将之做成了一把精美的琴。他装上琴弦弹奏，优美的琴声如钟磬和鸣，清脆悦耳。他觉得这是天下最好的琴，于是就把琴献给了主管礼乐的官员。官员把琴给宫廷的乐师们欣赏，但乐师们看后都鄙夷地说：“这张琴不是古代的。”于是把琴退还给了工之侨。

工之侨拿着琴回到家，向漆匠求教，在琴身上漆上断裂不齐的花纹；又跟刻工谋划，在琴上雕刻了一些古代文字；然后把它装在匣子里，埋在泥土中。一年之后再挖出来，这时琴已完全失去了当初做成时的清新面貌，颜色暗淡，没有光泽，古老衰败。工之侨抱着它到市场上去卖。有个达官贵人路过集市，看到这张琴，就用很高的价钱买了它，然后把它献给朝廷。当初那些看不起这张琴的乐官们都争相传看，大声称赞：“这张琴真是稀世珍宝啊！”

工之侨听到这种情况，叹息说："这样的社会真是可悲啊！难道仅仅是一把琴这样吗？天下事没有什么不像这样的啊！我如果不早做打算，也一定会同这污浊的乱世一起灭亡的。"从此以后，工之侨长期隐居于深山荒谷之中，没人知晓他后来的结局。

【义理揭示】

同样的一把琴，先后受到"国工"不同的待遇。工之侨献琴的故事鞭挞了不辨真假贤愚的世道，揭露了当道者愚昧无知、不学无术、盲目媚古的嘴脸，同时警示后人：判定事物的好坏，应从本质上去了解分析，而不能光凭外表印象就妄下论断。

七　琴撞昏君明

【原文选读】

晋平公与群臣饮，饮酣，乃喟然叹曰："莫乐为人君①！惟其言而莫之违。"师旷②侍坐于前，援③琴撞之。公披衽④而避，琴坏于壁。公曰："太师谁撞？"师旷曰："今者有小人言侧者，故撞之。"公曰："寡人也。"师旷曰："哑⑤！是非君人者⑥之言也。"左右请除⑦之。公曰："释之，以为寡人戒。"

（选自战国韩非《韩非子》）

注释：

①莫乐为人君：没有什么比做国君更快乐的了。

②师旷：名旷，字子野，春秋后期晋国宫廷中的盲乐师。

③援：执持，拿。

④披衽（rèn）：收起衣襟。

⑤哑：表示不以为然的惊叹声。

⑥是非君人者：这不是做国君的人。

⑦除：除去，清除。

【文意疏通】

在上古音乐史中，掌管音乐的人担负着行政、行教、行乐等多重职责，在儒家经典中，师旷作为乐官之首的太师，其职责和行为都保留了这种特征。

晋平公和臣子们在一起喝酒。酒兴正浓时，他得意地说："哈哈哈，没有什么比做国君更快乐的了！他的话没有谁敢违背！"师旷正在旁边陪坐，听了这话，便拿起琴朝他撞去。晋平公连忙收起衣襟躲让。琴在墙壁上撞坏了。晋平公说："太师，您撞谁呀？"师旷故意答道："刚才有个小人在胡说八道，因此我气得要撞他。"晋平公说："说话的是我嘛。"师旷说："哟！这可不是做国君的人应该说的话啊！"左右臣子认为师旷犯上，都要求惩办他。晋平公说："放了他吧，我要以此作为鉴戒。"

【义理揭示】

作为国君的晋平公，识人善任、敢于认错、宽容大度，令人称赞；而作为臣子的师旷，借琴勇撞平公，更体现了刚正不阿、直言相谏的品性。所以，君明臣直、君昏臣奸，此话有理。

八 抚弦退千军

【原文选读】

孔明[①]分拨[②]已定，先引五千兵退去西城县搬运粮草。忽然十余次飞马报到，说："司马懿[③]引大军十五万，望西城蜂拥而来!"时孔明身边别无大将，只有一班文官，所引五千兵，已分一半先运粮草去了，只剩二千五百军在城中。众官听得这个消息，尽皆失色。

孔明登城望之，果然尘土冲天，魏兵分两路望西城县杀来。孔明传令，教"将旌旗尽皆隐匿；诸军各守城铺，如有妄行出入，及高言大语者，斩之！大开四门，每一门用二十军士，扮作百姓，洒扫街道。如魏兵到时，不可擅动，吾自有计"。孔明乃披鹤氅[④]，戴纶巾[⑤]，引二小童携琴一张，于城上敌楼前，凭栏而坐，焚香操琴。

却说司马懿前军哨到城下，见了如此模样，皆不敢进，急报与司马懿。懿笑而不信，遂止住三军，自飞马远远望之。果见孔明坐于城楼之上，笑容可掬，焚香操琴。左有一童子，手捧宝剑；右有一童子，手执麈尾[⑥]。城门内外，有二十余百姓，低头洒扫，傍若无人。懿看毕大疑，便到中军，教后军作前军，前军作后军，望北山路而退。次子司马昭曰："莫非诸葛亮无军，故作此态？父亲何故便退兵?"懿曰："亮平生谨慎，不曾弄险。今大开城门，必有埋伏。我兵若进，中其计也。汝辈岂知？宜速退。"于是两路兵尽皆退去。

孔明见魏军远去，抚掌而笑。众官无不骇然[⑦]，乃问孔明曰：

"司马懿乃魏之名将，今统十五万精兵到此，见了丞相，便速退去，何也?"孔明曰："此人料吾生平谨慎，必不弄险；见如此模样，疑有伏兵，所以退去。吾非行险，盖因不得已而用之。此人必引军投山北小路去也。吾已令兴、苞二人在彼等候。"

众皆惊服曰："丞相之机，神鬼莫测。若某等之见，必弃城而走矣。"孔明曰："吾兵止有二千五百，若弃城而走，必不能远遁[8]。得不为司马懿所擒乎?"后人有诗赞曰："瑶琴三尺胜雄师，诸葛西城退敌时。十五万人回马处，士人指点到今疑。"言讫[9]，拍手大笑，曰："吾若为司马懿，必不便[10]退也。"

（选自元罗贯中《三国演义》）

注释：

①孔明：诸葛亮，字孔明，号卧龙，三国时期蜀汉丞相，在世时被封为武乡侯，死后追谥忠武侯。是中国传统文化中忠臣与智者的代表人物。

②分拨：划拨、调拨，此指人员部署安排。

③司马懿：三国时期魏国政治家、军事家，西晋王朝的奠基人，是魏国四代的托孤辅政之重臣，后期成为掌控魏国朝政的权臣，谥号宣文。

④鹤氅（chǎng）：用鸟羽制成的裘，用作外套。

⑤纶（guān）巾：用青丝带做的头巾。

⑥麈（zhǔ）尾：魏晋清谈家用来拂秽清暑、显示身份的一种道具。

⑦骇然：诧异的样子。

⑧遁：逃。

⑨讫：终止，完毕。

⑩便：随即，就。

【文意疏通】

在《三国演义》中，空城计是诸葛孔明指挥的大小战例中的精彩之作，其核心是一种心理战术，即“虚者虚之”“疑中生疑”。这种悬而又悬的“险策”，关键在于清楚地了解并掌握敌方将帅的心理与性格。

孔明将人员部署安排完毕，先引五千士兵退去西城县搬运粮草。忽然十余次飞马报到，说：“司马懿引十五万大军，望西城蜂拥而来!”此时，孔明身边没有大将，只有一班文官，所引五千士兵，已分一半先运粮草去了，城中只剩二千五百名士兵。大家听得这个消息，都大惊失色。

诸葛亮登城楼观望后，果然见尘土冲天，魏兵分两路向西城县杀来。孔明传令，将旌旗全都隐藏起来；诸军各守城铺，如有随便出行的人和大声说话者，斩！又叫士兵把四个城门全都打开，在每个城门之上，派二十名士兵扮成百姓模样，洒水扫街。魏兵到时，大家不要擅自行动，自己有计策制服敌人。诸葛亮则披上鹤氅，戴上高高的纶巾，领着两个小书童，携带一把琴来到城上，在城楼前端坐，燃起香，然后悠闲地弹奏起来。

司马懿的先头部队到达城下，见到如此气势，自然不敢贸然入城，便急忙返回报告。司马懿听后笑着说：“这怎么可能呢?”于是便令三军停止前进，自己飞马前去观看。离城不远，他果然见到诸葛亮端坐楼上，神情悠闲自若，焚香弹琴。左面一个书童，手捧宝剑；右面一个书童，手拿拂尘。城门里外，二十多个百姓模样的人正若无其事地低头洒扫。司马懿看后，疑惑不已，便回至中军，令后军充作前军、前军作为后军撤退。他的二儿子司马昭说：“莫非是诸葛亮家中无兵，所以故意弄出这个样子来装腔作势？父亲您为什么要退兵呢?"司马懿说:"诸葛亮一生谨慎,不曾冒险。现在城门大开,里面必有埋伏,我军如果进去,正好中计,还是赶快撤退吧!"于是各路兵马都快速退了回去。

诸葛亮见魏军撤退完毕,拍着巴掌笑了起来。众士兵没有一个不感到诧异,于是问孔明:"司马懿乃魏国名将,今统领十五万精兵来此,何故见了丞相您就仓皇而退呢?"诸葛亮说:"他料我平生办事谨慎,一定不会将自己置于危险境地;现在见我此番模样,便怀疑内有伏兵,所以下令撤退。我只是迫不得已罢了。司马懿一定带领部队奔向山北小路去了,我已命令关兴、张苞二人在那儿防守。"

所有的人都惊叹不已,说:"丞相您的战略战术无人能测。要是我们的话,一定扔下城池逃走了。"诸葛亮说:"我们的士兵不足两千五百人,如果想弃城而逃,一定跑不远,还不得被司马懿擒获吗?"所以后来有诗称赞说:"瑶琴三尺胜雄师,诸葛西城退敌时。十五万人回马处,士人指点到今疑。"说完,他拍手大笑,说:"我若为司马懿,肯定不会随即就退兵的。"

【义理揭示】

诸葛亮巧用"空城计"为自己解围,是由于他充分了解司马懿谨慎多疑的性格。"知己知彼,方可百战不殆",这是颠扑不破的真理。当然,在任何情形之下,我们都应临危不惧、坚定果敢,因为,优柔寡断或疑心重重都会让天赐良机化为乌有。

九 高人隐于市

【原文选读】

万历末，詹懋（mào）举者，守颍州，偶召木工，詹适[①]弹琴，工立户外，矫[②]首画指，若议其善否[③]耳。呼问之曰："颇善此乎？"曰："然。"使之弹，工即鼓前曲一过[④]，甚妙。詹大惊异，诘[⑤]所自，工曰："家在西郭外，往见一老人贸[⑥]薪入城，担头常囊此，因请观之，闻其弹，心复悦之，遂受学耳。"詹予以金，不受，曰："某[⑦]，贱工也，受工之直[⑧]而已。"又曰："公琴皆下材，工有琴，即老人所贻[⑨]，今以献公。"果良琴也。詹乃从竟学，一时琴师莫能及。

（选自清王士祯《池北偶谈》）

注释：

①适：恰好。

②矫：举，抬。

③否：差，不好。

④一过：一遍。

⑤诘：责问。

⑥贸：买卖，这里指卖。

⑦某：我。

⑧直：通"值"，价钱。

⑨贻：赠送。

【文意疏通】

王士祯，原名士禛，又号渔洋山人，人称王渔洋，是清初杰出的诗人、学者、文学家。本文中的詹懋举能调整自己的心态、摆好自己的位置，而且谦虚、严谨，所以当时的琴师没有一个人能比得上他。

明朝万历末年，詹懋举担任颍州太守。有一次他偶然让一个木工来干活，木工来时，他正好在悠闲地弹琴，奇怪的是木工站在门外，时而抬头思索，时而指指点点，好像在议论詹懋举琴弹的好坏一样。詹懋举觉得很奇怪，就把他叫过来，问他：“你会弹琴吗?”木工不假思索地说：“是的。”詹懋举半信半疑，就让他随便演奏一首曲子。木工就演奏了一遍詹懋举刚才弹的曲子，詹懋举听了连连称好，忍不住追问他是从哪里学来的琴艺。木工回答说：“我家住在西城外，以前常常见到一个老人进城卖柴，他总是把琴装在布袋里，然后挂在柴担的担头上。于是我就请他拿出琴来弹，听他弹琴，心里很高兴，就向他学习弹琴了。”后来詹懋举要送给他金子，木工却断然拒绝了，他说：“我只是一个地位低下的木工，只接受木工的报酬。”又说：“您的琴都是低劣的木材做成的，我有一把琴，是那个老人送给我的，现在我就献给您吧。”詹懋举一看，果然是把好琴。于是詹懋举请求跟着木工学琴，最终学有所成，当时的琴师没有一个能比得上他。

【义理揭示】

詹懋举身为太守，向一个地位卑微的木工学习琴艺，体现了其不耻下问、勇于求教的可贵精神，最终的结果也证明了只有不断学习才能超越自我和他人的道理。同时也告诉我们：人外有人，天外有天。学识面前，本无身份的高低贵贱，有时恰恰是高手在民间。

十 君交淡若水

【原文选读】

伊性谦素，虽有大功，而始终不替。善音乐，尽一时之妙，为江左第一。……王子猷①出都，尚在渚②下。旧闻桓子野③善吹笛，而不相识。遇桓于岸上过，王在船中，客有识之者，云："是桓子野。"王便令人与相闻④，云："闻君善吹笛，试为我一奏。"桓时已贵显，素闻王名，即便回下车，踞胡床⑤，为作三调⑥。弄毕，便上车去，客主不交一言。

（选自南朝刘义庆《世说新语·任诞》）

注释：

①王子猷：名徽之，东晋琅邪临沂（今属山东）人。

②渚：水中的小块陆地。

③桓（huán）子野：桓伊，字子野。东晋军事家、音乐家。

④相闻：通报，传话。

⑤踞胡床：坐在胡床上。踞，蹲，坐。胡床，古时一种可以折叠的轻便坐具，类似于小板凳。

⑥三调：三支曲子。

【文意疏通】

刘义庆的《世说新语》记述了汉末魏晋年间文人士大夫的奇闻逸事，把名士风流表现得极其生动。魏晋名士崇尚个性、追求自由，这些观念体现在名士的言行举止中，形成了魏晋士人特有的文化现象，人们称之为"名士风流"。

桓伊的性格谦恭质朴，虽然有大功，但是始终如一不自傲。他擅长音乐，技艺算得上是江南第一。……王子猷听说他的笛子吹得很好，很想和他见面，一起切磋技艺，却始终没有机会。一天王子猷到京城去，经过清溪渚。恰好这时桓伊从岸上经过，王子猷当时正好在船上，客人中有认识桓伊的，就对王子猷说："这个人就是桓子野。"王子猷就派人去对桓伊说："听说你擅长吹笛子，请为我吹奏一曲吧。"桓伊当时的地位已经很显贵了，一向也听闻过王子猷的名声，于是立即掉头下车，上船坐在胡床上，为王子猷吹了三支曲子。吹奏完毕，就直接离船登车走了，主客双方竟然没有说一句话。

【义理揭示】

文中的王子猷与桓子野，两人素不相识，却因音乐相聚，乐曲奏毕，双方淡然分离，这是何等的真性情！其实，大多数魏晋名士都有很高的音乐修养。有一流的演奏者，也有一流的听众，于是率性而为的王子猷，在桓子野"作三调"之后，居然没有一句感谢或评价的语言——这似乎不合常理，但这正是君子之交淡若水、心有灵犀一点通的最好范例。

十一 弃俗存真性

【原文选读】

顾彦先[①]平生好琴，及丧，家人常以[②]琴置灵床上。张季鹰[③]往

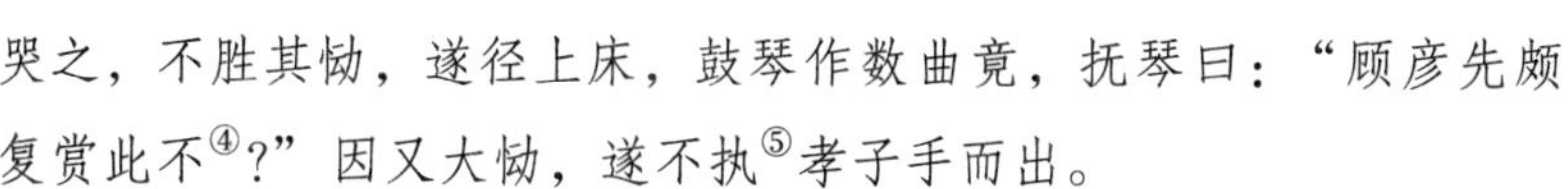
哭之，不胜其恸，遂径上床，鼓琴作数曲竟，抚琴曰："顾彦先颇复赏此不④？"因又大恸，遂不执⑤孝子手而出。

（选自南朝刘义庆《世说新语·伤逝》）

注释：

①顾彦先：顾荣，字彦先。

②以：把。

③张季鹰：张翰，字季鹰，西晋文学家。

④不（fǒu）：相当于否。

⑤执：持、握。

【文意疏通】

本文记述了魏晋名士张季鹰对死者顾彦先进行哀悼并恸哭的故事。

顾彦先生前喜欢弹琴，去世后，家人就把琴放在灵床上。张季鹰来吊唁，抑制不住内心的悲痛，于是径直走向顾彦先的灵床，自顾自地弹起琴来，弹完几首曲子，他抚着琴叹息说："顾彦先你还能欣赏这些曲子吗？"随即又大声痛哭起来，哭完之后连孝子的手都不拉一下就走了。

【义理揭示】

凡夫俗子总是拘泥于一些世俗的习俗与礼仪，唯恐越界而遭毁誉。友人的逝去所带来的哀痛使张季鹰无法顾及礼数，而产生一种"逾礼"之举。在他深切的悲痛和不同寻常的行为中，真挚的朋友之情得以鲜活呈现，同时也彰显了魏晋士人活出自我、不随俗流的真性情。

十二 游如皋听琴

【原文选读】

余三十许[①]时游如皋[②]，日徜徉于水绘园故址，芙蓉苇蓼[③]映池沼边，灿若霞锦，而楼台则倾圮荒凉矣。慨名士美人之已往，赋诗以感叹之。有友遇于园，谓之曰："君日吊名园胜迹，徒若搜索枯肠[④]，何不往某寺，听名僧一鼓雅琴乎？高山流水[⑤]爆裂音，必能移君情矣。"余以平生未闻名琴为憾，喜极，亟往。僧眉目凶横，黝黑之面，有江湖气。请其一奏，矜持不许，坚求之，乃移琴于几。目注良久，忽揎[⑥]袖伸爪，双手往复，一徐一疾，有如鹰鹯[⑦]之攫雏鸟。忽而瞪睛，忽而摇脑，忽而转躬，左右回顾，一时丑态毕露。余为之忍笑不禁，几欲出声。听其音，丁东而已。鼓未毕，小沙弥进茗一瓯。余笑实不能忍，茗喷襟袖而出。后告之友，友坚贞不屈："子真所谓牛耳，己不知音而反讥人雅奏。越日当备觞榼[⑧]，奉陪一往，再聆之何如？"余笑曰："我非成连[⑨]，敬谢敬谢。"

（选自民国吕美荪《葂丽园随笔》）

注释：

①许：表示约计的数量。

②如皋：江苏南通下辖的一个县级市。

③蓼（liǎo）：一年生草本植物，生长在水边或水中。果实卵形、扁平，茎

叶味辛辣，可用以调味。全草入药。

④枯肠：比喻才思枯竭。

⑤高山流水：取自伯牙与钟子期“人琴俱亡”的故事，在此比喻乐曲的高妙。

⑥揎（xuān）：捋起袖子露出胳膊。

⑦鹯（zhān）：古书中说的一种猛禽，似鹞鹰。

⑧榼（kē）：泛指盒一类的器物，亦可指酒具。

⑨成连：春秋时著名琴师。传说伯牙曾学琴于成连，三年未能精通。

【文意疏通】

吕美荪是清末民国初年四大才女之一，在诗歌创作方面很有成就。其《葂丽园随笔》为文言体小说，难能可贵。本选文记述了作者三十岁左右游览如皋时的一件趣事：

当时我每天徜徉在水绘园里，芙蓉、苇草倒映于池塘中，颜色鲜艳华美，可惜园子里面的建筑多数都倒塌了，弥漫着荒凉的气息，于是很是感慨曾经的社会名流和倾城美人烟消云散，不禁写下诗文抒发自己的慨叹。恰好有个老朋友在园中遇到我，对我说：“你每天来造访这些所谓的名园古迹，这不是白白地让自己才思枯竭吗？何不去拜访某所寺院，听那得道的高僧们弹奏一曲婉转悠扬、富于变化的雅乐。听那‘高山流水’般的美乐，一定能转移你那伤感的心情。”我因平生未曾亲自听闻过名师弹琴而遗憾，听了朋友的话高兴万分，便匆忙前往此地。没想到寺院里的僧侣面色黝黑，眉目间透露着凶横，大有江湖之气。我请求他弹奏一曲，他十分矜持，不肯答应，我再三请求，他才勉强同意。只见他将琴搬到台子上，注视了很久，突然捋起袖子，露出胳膊，伸出手指，双手来回往复，一快一慢，仿佛鹰、鹞等猛禽攫取雏鸟一般。他一会儿瞪大双眼，一会儿摇晃脑袋，一会儿又扭转身体，左右回顾，一时间各种丑态都显露出来了。我于是忍俊不禁，几乎笑得快要发出声音。鼓音还没有停下来，小和尚送上茗茶一杯，我笑得实在忍不住，竟将茶喷了出来，溅到袖口、衣襟上。后来我把见到和听到的情况告诉朋友，没想到这位朋友斩钉截铁地回应道：“你不识音乐却反讥笑人家演奏的精湛技艺！”并建议改日带上酒食，一同前往，再次仔细聆听。我笑着说：“我不是成连，谢谢，谢谢。”

【义理揭示】

高山流水之乐可怡情养性，或许这正是音乐这种特殊的艺术形式能够亘古流传、经久不衰的原因吧。闲暇的时候以此陶冶性情，不失为极妙选择。但必须承认，音乐各有不同，让我们怀着一颗敬畏、感激之心细细欣赏音乐吧。

文化倾听

中国古琴以其丰富悠久的历史、精美完备的器具、炉火纯青的技艺，记录着数千年以来华夏精妙的琴学。贯通儒道释三教哲学的琴道以及其使人神清气和的琴音，承载着深厚的人文底蕴与特殊的文化价值。

古琴作为“人类口述与非物质文化遗产”，是中华民族亦即东方民族传统乐器的典范，代表了东方传统音乐文化的最高峰。汉代的桓谭在《新论》中说：“八音中惟弦为最，而琴为之首。”就是

说琴是所有乐器的领袖，古琴的这种崇高地位是由它音域宽、音品纯、音质雅、音色富等多种品格决定的。在中国乐器中，古琴的声音是非常特别的，不似二胡如泣如诉，却比二胡委婉缠绵；不如古筝响亮欢快，却平和沉稳，有一种直灌心底的吟哦；也不像琵琶锋芒毕露，珠玉散落一般。古琴是细腻含蓄的，指法不动声色地控制着轻重缓急，所以它不宜作合奏乐器，能与古琴相和者唯有箫——箫的幽怨迷离和琴的古雅通脱合为一体，有林下之风，有超脱现实之境，这也正是古琴为传统文人所偏好的原因。

古琴艺术不单是一项专门的音乐技艺，也曾作为统治阶层“风俗教化”的重要手段。历代琴论著作都极注重琴的载道、宣德功能。儒家以“礼乐治国”，向往“舜作五弦琴以歌南风之诗而天下治”的局面，周公“制礼作乐”，以琴为代表的乐教形成系统的制度，琴乐艺术成为当时重要的社会生活内容。汉唐以后，琴道之中又被注入释、道两家的思想，成为一种“精致文化”。除了明道德、感鬼神、美风俗、流文雅外，琴道还可以摄心魂、壮胆勇，绝尘俗。琴音艺术承载着崇高而厚重的社会政治使命，并非是仅仅用来寻乐开怀的手段，而是在中国长期的政治、伦理关系中起着重要的作用。

古琴还是一种小众的精英文化，正所谓“琴者，情也；琴者，禁也”。吹箫抚琴、吟诗作画、登高远游、对酒当歌是古代文人士大夫生活的生动写照。古琴寄寓了文人墨客凌风傲骨、超凡脱俗的处世心态，无论从传统绘画到文玩器物，从诗词到歌赋，都能够看到古琴清幽的身影。从孔子至刘安、刘向、蔡邕、阮籍、嵇康、王维、白居易、欧阳修、苏东坡、李清照、耶律楚材，以及明清众多文人大夫……一代又一代传承它的都是当时的翘楚。它不仅仅是一种音乐、一件乐器，而是“道”，是寄载、托付文人精神、气质的

"道"。

悠远的琴声可以平复心绪，人们通过抚琴来减弱甚至排除病痛。欧阳修曾患忧郁症，退职在家，久治无果。后来他向琴师孙道滋学习弹奏，慢慢地，疾病竟在不知不觉中彻底得到治愈。他的朋友杨寘很有才华，但是考试屡遭失败，精神抑郁，欧阳修便用自己的亲身经历加以劝慰，并以琴相赠，帮他排遣愁绪、康复身体。在离别宴饮之时，他还特请其琴师孙道滋"进琴以为别"。

古琴文化的教育也是人生规范性与艺术性、内在性情与外在行为和谐统一的人文教育。"乐由中出，礼自外作"，孔子首创私人办学，以"礼、乐、射、御、书、数"六艺教授生徒，以琴为载体的乐教居六艺教育的第二位，出现了《礼记·曲礼》中所谓"士无故不撤琴瑟"的盛况。他说"兴于诗，立于理，成于乐"。我们现在多听琴乐，意在熏陶、怡养性情，让静美清雅的琴乐流入心灵，培养优雅气质，造就优良人格。

"闲坐夜明月，幽人弹素琴"，古琴不只是闭门在家自娱自乐的器物，更是"文人琴"，是君子心声的表达，是最能表现中国传统文化底蕴和精髓的载道之器。

文化传递

朱晞是中国当代著名琴师，是中国民族管弦乐学会古琴大赛专家委员会委员、江苏省古琴学术研讨会组委会委员、常熟理工学院音乐系客座教授。

朱晞出身于周庄崇文重教的教师世家，二十世纪七十年代末，

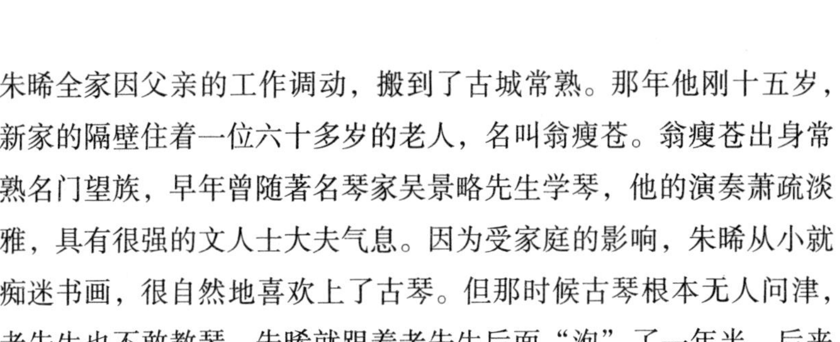

朱晞全家因父亲的工作调动，搬到了古城常熟。那年他刚十五岁，新家的隔壁住着一位六十多岁的老人，名叫翁瘦苍。翁瘦苍出身常熟名门望族，早年曾随著名琴家吴景略先生学琴，他的演奏萧疏淡雅，具有很强的文人士大夫气息。因为受家庭的影响，朱晞从小就痴迷书画，很自然地喜欢上了古琴。但那时候古琴根本无人问津，老先生也不敢教琴。朱晞就跟着老先生后面“泡”了一年半，后来翁老才肯教他弹琴。

1980 年，十六岁的朱晞考上了南京师范大学物理系。南京师范大学图书馆里丰富的古琴资料让他大开眼界，一本《中国古琴初编》让他如获至宝，他写信与该书作者——中国艺术研究院研究员、古琴家许健取得了联系，并利用假期进京学习古琴演奏及其理论……在校四年的课余生活中，他最喜欢做的事情便是弹奏古琴，曾多次登台抚琴演奏，琴声优美流畅，令人陶醉。1984 年，他毕业返回常熟，虞山派一代宗师吴景略自京返乡参加虞山琴社恢复成立大会。朱晞的演奏得到了吴老的肯定，吴老愿意收他为徒。在吴老的精心指导下，朱晞得其真谛，承传了吴老婉约、豪放兼容的风格，才艺日臻精进，使虞山琴派“博大平和、清微淡远”的艺术风格得到了拓展和传承。加上自身颇具功力的指法，朱晞受到虞山琴派众多艺人的推崇，大家称赞他的琴曲是“有声之画”，他的书画是“无声之曲”。日本友人誉之为“民间国宝”。

朱晞说自己学琴、弹琴，是因为喜欢，他认为弹琴能够让人成为拥有平和气度的君子。朱晞时刻告诫自己，学琴要做到三点：第一，持之以恒，一个人的成就与他的努力永远成正比。第二，名家指点，有了名家指点才能少走弯路。第三，不停地读书和思考，不断地思考自己的价值所在。

1987 年，朱晞调到常熟高等专科学校，同时负责恢复不久的虞山琴社的日常工作，并发表了多篇论文。经过多年悉心苦练，朱晞先后打谱、整理了《流水》《潇湘水云》《梅花三弄》《渔樵问答》等十多首古琴曲。1990 年，他应邀参加第一届四川成都国际古琴交流会，其成就与事迹载入了当年的权威刊物——《中国人物年鉴》。

为进一步宣传推介虞山琴派艺术，使虞山琴派走向世界，朱晞以"琴为心声、平和天下"的君子之度，亲近各地琴师，集天下琴师之艺，先后与国内外诸多琴社进行联系和组织联合演出，交流琴心，切磋琴艺。自 2001 年起，他在常熟成功主持并策划了全国第四届古琴打谱暨国际琴学研讨会，并创立了常熟古琴艺术馆，为中国古琴艺术被列入世界非物质文化遗产奠定了基础。在 2007 年、2009 年、2011 年，他又先后在常熟成功地举办了三届中国古琴艺术节，2008 年，他举办了中国古琴流派传人常熟展示周等古琴大型展示和演出活动……这些活动不但使中国古琴艺术得到传承，而且扩大了虞山琴派的影响力和知名度，使虞山琴派持续保持鼎盛态势。

朱晞在常熟持续不断地开展了一系列古琴传承工作，他把传播、普及、提高古琴艺术，培养古琴新人作为己任。比如培养古琴艺术接班人、举办全国性古琴艺术节、对虞山派代表琴谱《松弦馆琴谱》组织打谱工作。他认为更重要的是要让学琴、弹琴的人认识到学琴的目的，自觉地去学习、了解中国的传统文化，在内心营造一个丰满的、让古琴生长的文化空间。

朱晞为传承古琴艺术，还坚持不懈地研究和总结古琴艺术理论。他将自己平时研习古琴、书画和诗词的心得文章汇编成《虞山琴派研究》《古音正宗》等书；2011 年，他主编的《松弦馆琴谱钩沉》由上海音乐出版社出版；他撰写的数十篇论文都被《中央音乐学院学报》等专业刊物刊载；他的古琴 CD 专辑《虞山琴韵》和《梧叶秋声》在国内外传播……

2002 年 10 月，联合国非物质文化遗产处处长爱川纪子到常熟考察中国古琴“申遗”工作，朱晞以他精湛的古琴演奏艺术、渊博的古琴知识、精辟的古琴理论，征服了这位联合国官员，为中国古琴顺利列入“人类口头和非物质文化遗产”作出了卓越贡献。

1. “工之侨献琴”所揭示的社会现象似乎在现实生活中依然存在，对此你有怎样的思考呢?

2. 我国古琴艺术于 2003 年入选联合国教科文组织的“人类口头和非物质遗产代表作”，成为代表中国千年历史文化的非物质文化遗产。在当今人们热衷学西洋乐器的形势下，我们应该为弘扬古琴艺术做些什么呢?

第四章　棋——博弈万象

一 大将风度

【原文选读】

时苻坚[①]强盛，疆埸多虞，诸将败退相继。安遣弟石及兄子玄等应机征讨，所在克捷。拜卫将军，开府仪同三司[②]，封建昌县公。坚后率众，号百万，次[③]于淮肥，京师震恐。加安征讨大都督。玄入问计，安夷然无惧色，答曰：“已别有旨。”既而寂然。玄不敢复言，乃令张玄重请。安遂命驾出山墅。亲朋毕集，方与玄围棋赌别墅。安常棋劣于玄，是日玄惧，便为敌手而又不胜。安顾谓其甥羊昙曰：“以墅乞[④]汝。”安遂游涉，至夜乃还，指授将帅，各当其任。

玄等既破坚，有驿书至，安方对客围棋，看书既竟，便摄放床上，了无喜色，棋如故。客问之，徐答云：“小儿辈遂已破贼。”既

罢，还内，过户限[⑤]，心喜甚，不觉屐齿之折，其矫情镇物如此。

（选自唐房玄龄《晋书卷七十九·谢安传》）

注释：

①苻坚：十六国时期前秦皇帝。公元383年率领军队攻打东晋，败于淝水。

②开府仪同三司：朝廷给予有功大臣的荣誉。开府，以自己的名义自置幕府。仪同三司，仪仗同于三司。三司指太尉、司空、司徒，亦称三公。

③次：临时驻扎。

④乞：给。

⑤户限：门槛。

【文意疏通】

谢安，字安石，号东山，是东晋的政治家、军事家。在淝水之战中，他沉着冷静，以不变应万变，体现了惊人的心理素质。

当时前秦苻坚的兵力十分强盛，东晋军队在战场上颇有恐惧心理，几个将领前去迎敌相继都败下阵来。后来谢安就派弟弟谢石和侄儿谢玄寻机出征讨伐，连续打了几个胜仗。于是朝廷加封谢安为卫将军，赏赐他享受开府仪同三司的荣誉，并封为建昌县公。后来苻坚亲自率大军来进攻，号称百万，在淝水北岸安营扎寨，导致整个京城都震惊恐慌了。朝廷又赶紧任命谢安为大都督，让他率军迎敌。面对强敌，谢玄进入谢安的军帐询问迎敌的计策。只见谢安神色平和，丝毫没有紧张的样子。谢安平静地说："我心里已经有了打败敌人的方略了。"接着就不说话了。谢玄不敢再问，依然不清楚如何迎敌，只好又让张玄再去请示计策。可是谢安却下令坐车外出到山间别墅，召集亲朋好友，以别墅为赌注和张玄下围棋。谢安平时棋艺不如张玄，这天张玄心中忧虑重重，勉强和谢安棋逢敌手，最终也没有取胜。谢安回头对外甥羊昙说："把赢来的别墅送给你吧。"说罢，谢安又出去游山玩水，直到半夜才回来。这时，谢安才指挥分派各名将领，布置他们担负各自的任务。

东晋军队打败苻坚后，驿站送来捷报，当时谢安正在和客人下围棋，看完信，他就随手把信放在旁边的坐具上，毫无欣喜激动的表情，就像先前一样继续和客人下棋。客人问他，他才不紧不慢地回答："孩子们打败了敌人。"可是，等到棋下完以后，谢安回房间去，心里抑制不住高兴，过门槛的时候把木屐齿弄折了都不知道，他不露声色淡定从容到了这样的地步。

【义理揭示】

大敌当前，主帅下棋、游玩，看似不负责任，实际上谢安早已胸有成竹，举重若轻。后世以"赌墅"来表示临危不惧的大将风采，或用"谢安棋"来形容从容镇定的风度。

下棋有助于修养身心、锻炼思维，谢安作为主帅，从棋局上锤炼运筹帷幄的大局观和决断杀伐的勇气，不失为一种良好的途径。

二 棋可辨材

【原文选读】

琬[①]自汉中还涪，祎[②]迁大将军，录尚书事。延熙七年，魏军次于兴势，假祎节，率众往御之。光禄大夫来敏至祎许别，求共围棋。于时羽檄[③]交驰，人马擐[④]甲，严驾[⑤]已讫。祎与敏留意对戏，

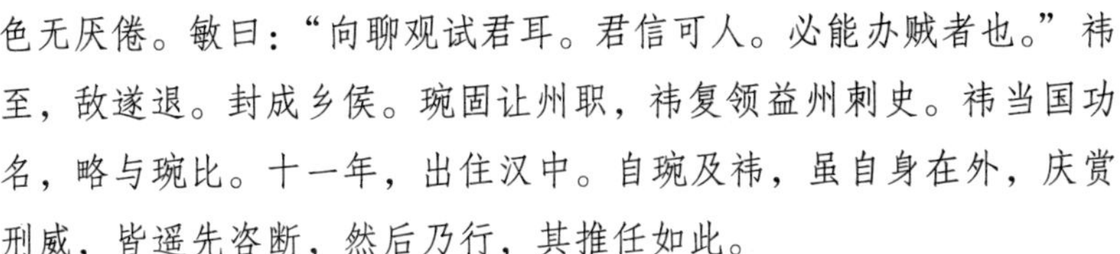
色无厌倦。敏曰："向聊观试君耳。君信可人。必能办贼者也。"祎至，敌遂退。封成乡侯。琬固让州职，祎复领益州刺史。祎当国功名，略与琬比。十一年，出住汉中。自琬及祎，虽自身在外，庆赏刑威，皆遥先咨断，然后乃行，其推任如此。

（选自晋陈寿《三国志卷四十四·费祎传》）

注释：

①琬：蒋琬，字公琰，三国时蜀国人。诸葛亮死后被封为大将军，统兵御魏。

②祎：费祎，字文伟，蜀国名臣。

③羽檄（xí）：古代军事文书，插鸟羽表示紧急，必须迅速传递。

④擐（huàn）：穿，贯。

⑤严驾：整备车马。

【文意疏通】

费祎，字文伟，是三国时蜀国名臣，与诸葛亮、蒋琬、董允并称为"蜀汉四相"，深得诸葛亮的器重。他性格谦恭真诚，大敌当前，也能够做到镇定自若。

蒋琬率军从汉中返回涪县，将费祎升为大将军，掌管尚书事务。延熙七年（244），魏军进逼，驻扎在兴势山，蜀国后主授予费祎符节，命他率领军队前去抵抗敌人。光禄大夫来敏到费祎处送别，请求和他下围棋。当时军中战报往来频繁，将军和士兵正厉兵秣马，战车都整备完毕准备出发，费祎竟然能够静下心与来敏专心致志地下棋，丝毫没有厌倦烦躁的表现。来敏说："我和您下棋只不过是观察试探您罢了！现在看来您确实是最适宜的出征人选，一定能打败敌人。"费祎率军到了兴势山，经过一番征战，魏国军队撤退了，费祎因此被加封为成乡侯。后来，蒋琬执意辞让益州刺史的职务，费祎便又兼任益州刺史。费祎后来主持国政，他的功业和名望基本上与蒋琬并列。延熙十一年（248），费祎带兵驻守汉中。从蒋琬到费祎，他们即使身负重任远在朝廷之外，但朝中奖赏惩罚的事情，朝廷都要先征求他们的意见，然后才公布执行下去。由此可以看出朝廷尊重、信任他们的程度。

【义理揭示】

激战之前，仍可专心对弈，不骄不躁，可见费祎作为一名主帅的胸襟与气度。正如苏洵在《心术》中所言：“为将之道，当先治心。泰山崩于前而色不变，麋鹿兴于左而目不瞬，然后可以制利害，可以待敌。”看来，棋可以静心，也可以让人从中辨别出真正的贤才。

三 专心致志

【原文选读】

今夫弈之为数[①]，小数也；不专心致志，则不得也。弈秋，通国[②]之善弈者也。使弈秋诲[③]二人弈，其一人专心致志，惟弈秋之为听；一人虽听之，一心以为有鸿鹄[④]将至，思援[⑤]弓缴[⑥]而射之。虽与之俱学，弗若之矣。为[⑦]是其智弗若与？曰：非然也。

（选自战国孟轲《孟子·告子上》）

注释：

①数：技艺。

②通国：全国。

③诲：教导，指导。

④鸿鹄：天鹅。

⑤援：取过来。

⑥缴（zhuó）：系在箭上的生丝线。箭射出去，可以靠它收回来。

⑦为：通“谓”，认为。

【文意疏通】

春秋时期，鲁国有位叫秋的人特别喜欢下围棋，潜心研究，终于成为当时的第一高手，人们不知道他姓什么，因为他是因下围棋而出名的，就都叫他弈秋。下面这段文字就是围绕不同的人跟弈秋学棋而展开的论述。

下棋虽然是一种小技艺，但如果不专心致志，就不可能学好。弈秋是全国知名的下棋高手。假使让他同时教两个人下棋，其中一个人专心致志地学习棋艺，只听弈秋教导的话语，那他的棋艺提升得肯定很快；而另一个人虽然也在同时听着弈秋的讲解，但心里却想象着有一只天鹅正要从头顶飞过，急切地盘算着要拿起弓箭去射它。这样，即使他跟别人一道向弈秋学习，他的棋艺水平也肯定赶不上另一位学生。这是因为他不如人家聪明吗？当然不是这样的，只是因为他不如人家专心！

【义理揭示】

学棋犹如求学，唯有专心致志，才能学有所成，否则，即使有名师指点，也不能进步。我们在学习中不也是这样吗？

四 山外有山

【原文选读】

王积薪[①]棋术功成，自谓天下无敌。将游京师，宿于逆旅[②]。既灭烛，闻主人媪隔壁呼其妇[③]曰：“良宵难遣，可棋一局乎？”妇曰：“诺。”媪曰：“第几道[④]下子矣。”妇曰：“第几道下子矣。”各言数十。媪曰：“尔败矣。”妇曰：“伏局[⑤]。”积薪暗记，明日复其势[⑥]，意思皆所不及也。

（选自唐李肇《唐国史补》）

注释：

①王积薪：唐朝著名围棋手。

②逆旅：旅店。

③妇：指老妇人的儿媳。

④道：本文指围棋布子的位置，唐代围棋棋盘纵横各十九道线，双方均在纵横线交叉点上布子。本文中，婆媳心中虚设一盘，凭借想象和记忆下盲棋。

⑤伏局：认输。

⑥复其势：复原那盘棋的局势。意思是按自己暗中记忆的情况把那盘棋重新布子走一遍，现代围棋术语叫“复盘”。

【文意疏通】

王积薪是唐玄宗时代的棋手，常常在宫中陪唐玄宗下棋。他性情豁达，在棋艺上精益求精。关于他，有这样一则有趣的小故事。

王积薪棋术学成之后，认为自己棋艺精湛，天下没有能够战胜自己的对手了。有一次他到京城去，中途住在一个旅馆里。熄灯以后，他听见旅馆的主人—— 一位老婆婆隔着墙壁呼唤她的儿媳妇，说：“今夜真是个美好的夜晚，这样闲着实在是虚度光阴，你和我下一盘棋怎么样?”媳妇在那边回答：“好。”于是婆媳两个就隔着墙壁下起棋来。只听这边老婆婆说：“我在第几道下一子。”那边儿媳妇说：“我在第几道下一子。”两个人就这样各自下了几十步棋。末了，老婆婆说：“你输了!”媳妇说：“我认输。”王积薪全程聆听了婆媳下棋的过程，暗自把两个人下棋的步骤都记在心里。第二天，他根据记忆复原了婆媳下的那盘棋的局势，发现两个人下棋的每个步骤都用意精妙，自己是远远比不上的。

【义理揭示】

王积薪自以为棋艺甚高，天下无敌，然而“强中自有强中手”，民间普通婆媳之间的对弈都让他惊叹不已，这说明艺无止境，学亦无止境；更道出了虚心学习才能不断进步的道理。

五　棋如其人

【原文选读】

范元卿，以棋品著声于士大夫间。其历处庠序[①]，践馆阁[②]，故无不知名。其弟端智，亦优于此技，与兄相埒[③]，而碌碌布衣，独客于杨太傅府。杨每引至后堂，使诸小姬善弈者赌物，然率所约，不过数千钱之直。范常常得之。

杨一日谓曰："闻君家苦贫，小小有获，无济于事。吾欲捐金币三千缗[④]，用明日为某妾一局之资，君能取胜，立可小康。"范喜谢归邸，不能旦。同寓之士，窃言："范骨相之甚薄，恐无由能致横财如是。"及对局，既有胜矣，思行太过，失应一着，遂变捷为败，素手而出。乃知非分财物，不容妄享。好利忘义之徒，可以内省也。

（选自宋洪迈《夷坚志·范端智棋战》）

注释：

①庠序（xiáng xù）：学校。

②馆阁：宋有昭文馆、史馆、集贤院三馆和秘阁、龙图阁等阁，分掌图书经籍和编修国史等事务，通称"馆阁"。

③埒（liè）：相等。

④缗（mín）：古代穿铜钱用的绳子，引申为钱。

【文意疏通】

范端智原本棋艺不错，但是在一次重要的对弈中却输了，这是为什么呢？下面这个小故事能够告诉你其中的原委。

范元卿凭借超凡的棋艺闻名于士大夫之中。他担任过学官，也在馆阁任过职，所以没有人不知道他的名字。他的弟弟范端智也擅长围棋，和哥哥水平差不多，但范端智一生庸庸碌碌，始终是普通老百姓，只是在杨太傅府上做一名门客。杨太傅经常带着范端智到自己的后堂，和那些擅长下棋的姬妾下棋，并且下注赌彩头。但是每次所下的赌注都不超过几千钱的价值。范端智凭借棋艺常常能赢得这些赌注。

有一天，杨太傅对范端智说："听说你家里很穷，赢的那点钱恐怕解决不了大问题。这样吧，我准备拿出三千缗金币，用作明天小妾下棋的赌资，你同我的小妾下一局棋，你要是赢了，你家马上就可以成为小康之家了。”范端智高兴极了，谢过杨太傅后就回到自己的住处，想着自己将要富裕起来，兴奋得一夜都没睡着觉。同他一起寄居的几个人看到这种情况，私下议论说：“此人的相貌不像是有福人的骨相，恐怕他得不到这笔横财。”等到第二天对局，范端智本来已经占据优势了，但他一心想赢反而总是担心输，心态竟然失衡了，不幸走错了一步棋，于是棋局由胜转败，范端智只好空手而归。所以说，非分的财物是不能轻易享受的。好利忘义这一类人，应该在内心反省啊。

【义理揭示】

这个故事形象生动地说明了平常心在对弈中的重要性。范端智的棋艺本来很高，平时与杨太傅的小妾们下棋赌彩“常常得之”，那是因为平时对弈的赌注不过数千钱，范端智可以不为所动，保持平常心，能够发挥正常水平。但是，当他面对的赌注高达三千缗金币时，心态发生了转变，再也难以保持平常心了。看来，做任何事情，心态和实力同样重要。

六 刮骨疗毒

【原文选读】

公袒[①]下衣袍，伸臂令佗看视。佗曰：“此乃弩箭所伤，其中有乌头[②]之药，直透入骨。若不早治，此臂无用矣。”公曰：“用何

物治之?"佗曰:"某自有治法,但恐君侯惧耳。"公笑曰:"吾视死如归,有何惧哉?"佗曰:"当于静处立一标柱,上钉大环,请君侯将臂穿于环中,以绳系之,然后以被蒙其首。吾用尖刀割开皮肉,直至于骨,刮去骨上箭毒,用药敷之,以线缝其口,方可无事。但恐君侯惧耳。"公笑曰:"如此,容易!何用柱环?"令设酒席相待。公饮数杯酒毕,一面仍与马良弈棋,伸臂令佗割之。

佗取尖刀在手,令一小校捧一大盆于臂下接血。佗曰:"某便下手,君侯勿惊。"公曰:"任汝医治,吾岂比世间俗子惧痛者耶?"佗乃下刀,割开皮肉,直至于骨,骨上已青。佗用刀刮骨,悉悉有声。帐上帐下,见者皆掩面失色。公饮酒食肉,谈笑弈棋,全无痛苦之色。须臾,血流盈盆。佗刮尽其毒,敷上药,以线缝之。公大笑而起,谓众将曰:"此臂伸舒如故,并无痛矣。先生真神医也!"佗曰:"某为医一生,未尝见此,君侯真天神也!"

(选自元罗贯中《三国演义》)

注释:

①袒(tǎn):脱去上衣,露出身体。

②乌头:堇草或附子的别名,根茎块状,有毒,可作镇痛药。

【文意疏通】

关羽是三国时期的人,被崇为"武圣",与"文圣"孔子齐名。千百年来,他已成为"忠义"的化身。《三国演义》尊其为蜀国"五虎上将"之首。关于关羽,民间流传着许多动人的传说,其中"刮骨疗毒"的故事就为大家所耳熟能详。

关羽脱去衣袍,伸出手臂让华佗察看。华佗仔细察看后说:

“这是被弩箭射中的伤口，箭头上涂有乌头做的毒药，现在毒药已经直接渗到骨头表面了。如果不早治疗，你的这只手臂就要残废了。”关羽说：“你打算用什么方法治疗呢?”华佗说：“我自有方法治疗，只是担心您害怕啊。”关羽笑着说道：“我在战场上一向视死如归，疗伤有什么害怕的?”华佗说：“我准备在僻静的地方树立一根柱子，上面钉上大铁环，届时请您把受伤的手臂穿过铁环，我先用绳子捆绑你的手臂，然后用被子蒙住你的头。我用尖刀割开皮肤，直到骨头处，刮掉骨头上的箭毒，把疗伤的药敷在上面，然后用线缝合创口，这样才可以治好你的伤。只是这种手术会很疼，我担心您害怕啊!”关羽笑着说：“原来是这样，这太容易了，哪里需要柱子和铁环?”他命人准备好酒席。关羽喝了几杯酒，一面继续和马良下棋，一面伸出手臂让华佗做手术。

华佗手里拿着尖刀，让一个小校捧着一个大盆在手臂下接血。华佗说：“我就要动手了，您不要害怕。”关羽说道：“任凭你治疗，我难道会像世上那些凡夫俗子般怕疼吗?”华佗于是动刀切开皮肉，直接切到骨头，骨头已经发青。华佗用刀刮骨头的表面，发出窸窸窣窣的声音。帐篷内外，凡是看到这样场面的人都掩住面孔，露出惊恐失色的样子。关羽却照旧喝酒吃肉，和旁人谈笑下棋，一点都没有露出痛苦的神色。过了一会儿，伤口流出的血已快盛满盆子了。

华佗终于刮干净了骨头上的毒，他敷上药，用线把创口缝合好。关羽也若无其事地大笑着站起来，对各位将领说：“这个手臂像从前一样伸缩自如，一点都不疼痛了。华先生真是神医啊!”华佗不由得叹服：“我行医一生，从来没有见过您这样的人，您真是天神啊!”

【义理揭示】

《三国志》中并无关羽“刮骨疗毒”时下棋的记载，罗贯中在《三国演义》中加入“谈笑弈棋”这个情节，目的是突出关羽的英雄气概。下围棋需要平心静气，冷静思考，关羽一边接受手术一边下棋，铁骨铮铮而又不失儒雅的形象跃然纸上。围棋作为一个道具，对塑造关羽“武圣”这一形象起到了重要作用。

七 棋痴脱困

【原文选读】

婺源江君辅，幼工弈，称国手。年十七，忽一人扣户，称江北某家延请角技，君辅袱被随之往。月余，抵中州某宦宅，其人先入内见某臣，诈云：“吾途穷，鬻[①]吾子为归串[②]。”既得金，立契，复涕泗曰：“父子情，不忍面别，请从后门去，免吾子牵衣惨状也。”宦信之。君辅方久坐堂上，讶无出肃客[③]者。忽一髽头婢[④]肩水桶，目江，大声曰：“尔新来仆，速出汲！”江惊异，厉声争之。宦从内出，持券示曰：“尔父卖尔去，复何云?”江曰：“异哉，君数千里遣使迎我手谈，乃为此不经语乎？谁为吾父?”出所著弈谱，呈宦证之。宦大惊曰：“汝果能胜我，言即不缪。”甫对着，君辅连胜数局，宦爽然[⑤]，深相礼貌。其地有国手，从无出其右。宦忽请对局，辅又连胜。宦大喜，待为上宾。盘桓[⑥]数月，作书，叠荐好弈巨公处，获金数百归。

（选自清张潮《虞初新志》）

注释：

①鬻（yù）：卖。

②归串：回家的盘缠。

③肃客：迎进客人。

④髿（péng ）头婢：披头散发的婢女。

⑤爽然：豁然，了然。

⑥盘桓：逗留。

【文意疏通】

江君辅是明朝人，棋艺十分精湛，经常有各地高手邀他对局，而他总是来者不拒，有请必到，于是就发生了下面这样的故事。

婺源的江君辅年幼的时候就擅长下围棋，被称水平达到国手级。十七岁那年，忽然有人到他家，说江北有个人家请他去比赛下棋，君辅毫不犹豫带上被褥、行李就随他去了。路上行走了一个多月，他们来到中州某个乡宦的家门口。那个带路的人先进去求见那个乡宦，欺骗说："我没有路费了，想把我儿子卖给您换一点回家的盘缠。"乡宦同意了，双方订立了契约。那个骗子拿到钱后，又假装流泪说："父子之间感情深厚，我不忍心当面告别，请允许我从后门离开，以免看到我儿子牵衣顿足、拦路哭泣的凄惨情状。"乡宦相信了他的话，安排骗子从后门离开了。江君辅在厅中坐等了很久，奇怪为什么半天没有人出来迎接客人。忽然，他看见一个头发散乱的丫环挑着水桶过来，瞪着江君辅，大声呵斥："你这个新来的仆人，快去汲水！"江君辅感到很惊讶，高声争辩说自己是客人不是仆人。乡宦听到争吵声从内室出来，拿着契约给他看，说：

“你父亲把你卖给我做仆人，他已经离开了。你还要说什么呢？”江君辅说：“奇怪啊！你从几千里外派人请我来下棋，现在竟然说出这么荒唐的话！谁是我父亲？那人是你派来请我下棋的！”江君辅又拿出自己撰写的棋谱，呈给乡宦作为证明。那个乡宦看了大吃一惊，说：“你下棋如果能够胜过我，你说的话就是真的。”于是两个人摆下棋盘对局起来，江君辅很快就连赢了好几局，那个乡宦也因此明白了真相，对他以礼相待。当地也有些围棋高手闻讯前来向江君辅挑战，却从来没有人能胜过他。那个乡宦再次请求与江君辅对局，江君辅又一次连赢了几局。乡宦非常高兴，接待他的规格也如同上等宾客了。江君辅在这里逗留了几个月，乡宦写信，多次推荐他到喜欢下棋的高官家里下棋会友，最终，江君辅获得几百两银子回家了。

【义理揭示】

江君辅痴心于围棋，非常聪明，但他在生活中却遭遇了骗子，差点被人卖掉。从另一个方面讲，也正是因为专心致志，江君辅才能获得棋艺的提升，才能攀登围棋的顶峰。他在围棋的世界里感受到了超凡脱俗的艺术魅力。换个角度来看，乡宦和“好弈巨公”帮助江君辅何尝不是围棋魅力的另一种体现呢？

八 专艺入神

【原文选读】

人多言方子振小时嗜弈，尝于月下见一老人，谓方曰：“孺子

喜弈乎？诚[①]喜，明当俟[②]我唐昌观中。”明日方往，则老人已在。老人怒曰：“曾谓与长者期[③]，而迟迟若此乎？当于诘朝[④]更期于此。”方念之曰：“圯上老人[⑤]意也。”方明日五鼓而往，观门未启，斜月犹在。老人俄翩然曳杖而来，曰：“孺子可与言弈矣。”因布局于地，与对四十八变，每变不过十余着耳。由是海内遂无敌手。

余过清源，因觅方问此。方曰：“此好事者之言也。余年八龄，便喜对弈。时已从塾师受书，每余常课必先了竟，且语其师曰：‘今皆弟子余力，请[⑥]以师[⑦]弈。’塾师初亦惩挞禁之，后不复能禁。日于书案下置局布算。年至十三，天下遂无敌手。”此盖专艺入神，管夷吾所谓鬼神通之，而不必鬼神者也！

（选自明胡应麟《甲乙剩言》）

注释：

①诚：果真。

②俟（sì）：等待。

③期：约定。

④诘朝：明晨，明日。

⑤圯（yí）上老人：指秦末授张良《太公兵法》于圯上的老父，即黄石公，事见《史记·留侯世家》。圯，桥。

⑥请：请允许我。

⑦师：学习。

【文意疏通】

人们常说方子振小时候喜欢下棋到了痴迷的程度。据说，他曾经在晚上遇到一位老人，老人对他说：“小孩子，你喜欢下棋么？如果你真心喜欢下棋，明天到唐昌观来等我。”第二天方子振真的如约到了唐昌观，不想老人已经在那里了。老人生气地说：“你为什么和长辈约定了时间，自己却来得这么迟？你明天早晨再来这里吧。”方子振惭愧地说：“我明白老人家的意思了。”方子振第二天五鼓时分就起床前往唐昌观，到达的时候观门还没有开，斜斜的月光照在墙上。过了一会儿，老人拄着拐杖翩然到来，高兴地自语道：“看来，这个小孩子是可以和他谈论下棋的人。”于是，老人就在地上布开棋局，教授方子振四十八种对弈变化的棋局，而且每种变化仅有十多手棋。从此，方子振在天下就没有对手了。

我去清源，顺便找到方子振询问此事。方子振说：“这是好事者编造出来的故事。我八岁的时候就喜欢下棋。当时已经在私塾念书，每当我上课时，必然会最先完成学业，然后和老师说：‘弟子尚学有余力做别的事情，请老师允许我学棋吧。’起初老师也不允许，并且会责打惩罚我，后来也就禁止不了了。我每天在桌案下布局计算。到十三岁时，天下就没有对手了。”这大概就是专心学艺到入神，如管夷吾所说的通达鬼神，而本人却不一定属于鬼神吧。

【义理揭示】

兴趣是最好的老师，方子振从小酷爱围棋，即使塾师“惩挞”也不能改变。聪明的老师应该培养学生的兴趣，并加以引导。有了兴趣，还要专心致志才有可能提升自己的水平，正如孟子所说“不专心致志则不得也”。

九 观棋君子

【原文选读】

予观弈于友人所，一客数[1]败，嗤[2]其失算，辄欲易置之，以为不逮[3]己也。顷之，客请与予对局，予颇易之[4]。甫[5]下数子，客已得先手。局将半，予思益苦，而客之智尚有余。竟局[6]数之，客胜予十三子，予赧甚，不能出一言。后有招予观弈者，终日默坐而已。

今之学者，读古人书，多訾[7]古人之失；与今人居，亦乐称人失。人固不能无失，然试易地以处，平心而度[8]之，吾果无一失乎？吾能知人之失而不能见吾之失，吾能指人之小失而不能见吾之大失。吾求吾失且不暇，何暇论人哉？弈之优劣有定也，一着之失，人皆见之，虽护前[9]者不能讳也。理之所在，各是其所是，各非其所非，世无孔子，谁能定是非之真[10]？然则人之失者未必非得也，吾之无失者未必非大失也，而彼此相嗤无有已[11]时，曾[12]观弈者之不若矣！

（选自清钱大昕《弈喻》）

注释：

①数（shuò）：多次。

②嗤（chī）：讥笑。

③逮（dài）：及，赶上。

④易之：轻视他。

⑤甫：刚刚。

⑥竟局：终盘。竟，完毕。

⑦訾（zǐ）：诋毁，非议。

⑧平心而度（duó）：心平气和地冷静地推测、估计。

⑨护前：回护以前的错误。

⑩是非之真：真正的是非。

⑪已：完。

⑫曾（zēng）：乃，竟。

【文意疏通】

钱大昕，字晓徵，号辛楣，又号竹汀，是清代史学家、汉学家。他在生前就已是饮誉海内的著名学者。通过一场观棋，钱大昕悟出了人生的道理。

我在朋友家里观看别人下棋。其中的一位客人连续多次输棋，我看在眼里，忍不住在心里讥笑他计算失误，恨不得代替他去下棋，感觉他的棋艺肯定不及自己。过了一会儿，客人居然邀请我和他下棋，我怀着几分轻视的心理接受了。没想到刚刚下了几粒棋子，客人已经在棋局上取得了主动地位。棋局快到中盘的时候，我思考得异常艰苦，而客人却轻松有余。终局计算双方棋子，客人竟然赢了我十三子。我很惭愧，一句话都说不出来。以后再有人邀请我观看下棋，我便只是整天默默地坐着看别人下棋。

现在的读书人读古人的书，常常批评古人的错误；和现代的人相处，也喜欢责备别人的错误。人本来就不可能没有错误，但是假如彼此交换位置来相处，客观地衡量一下，我们自己真的没有一点失误吗？我自己能够知道别人的过失却看不到自己的过失，能够指出别人的小失误但是看不到自己的大失误。这样看来，我们自己有

很多的失误，自己检查自己的失误尚且没有闲暇，哪里还有时间去议论别人、苛求别人呢？棋艺的高低是有标准的，一个人下错了一步棋，旁边的人都看得见，即使想掩盖以前的错误也是隐瞒不了的。事理方面的问题，人人都赞成自己认为正确的，都反对自己认为不正确的。现在世间没有孔子那样的圣人，谁又能准确地断定真正的正确与错误？那么看到别人的失误未必不是有所得，以为自己没有失误未必不是大失误。但是一旦人们彼此之间开始没完没了地互相讥笑的时候，其品行简直连像我那样看棋的人都不如了！

【义理揭示】

一个人观他人之失易，观自己之失难，所以应当“试易地以处，平心而度之”，这样才能公正地评价他人，也就是说人贵有自知之明，也贵有知人之明，不要妄自尊大，不要轻视别人。

十　君子之风

【原文选读】

到溉[①]，字茂灌，彭城武原人。……溉身长八尺，美风仪，善容止，所莅以清白自修。性又率俭，不好声色，虚室单床，傍无姬侍。自外车服，不事鲜华，冠履十年一易，朝服或至穿补，传呼清路，示有朝章而已。顷之，坐事[②]左迁金紫光禄大夫，俄授散骑常侍、侍中、国子祭酒。

溉素谨厚，特被高祖赏接，每与对棋，从夕达旦。溉第山池有奇石，高祖戏与赌之，并《礼记》一部，溉并输焉，未进，高祖谓朱异曰："卿谓到溉所输可以送未?"溉敛板[3]对曰："臣既事君，安敢失礼?"高祖大笑，其见亲爱如此。后因疾失明，诏以金紫光禄大夫、散骑常侍，就第养疾。

（选自唐姚思廉《梁书列传第三十四》）

注释：

①到溉：南朝梁代文学家。

②坐事：因事获罪。

③板：笏板。古代大臣上朝拿着的手板，用玉、象牙或竹片制成，用来记事。

【文意疏通】

到溉和汉高祖的下棋故事，非常有意思，也很发人深省。

彭城武原人到溉，字茂灌，身高有八尺，长相很帅气，举止端庄俊雅，身居官位，能保持清白的修养。他性格率真节俭，不贪图名利和美色，居住的是简陋的房屋、简朴的床，身旁也没有什么姬妾侍奉。外出时，乘坐的车子和穿戴的服装也不光鲜华丽，帽子和鞋子穿了十多年后才会更换，主政穿的朝服也是补了又补，外出在路上传呼清道，并不是为了显示自己的威风，只是为了显示尊重朝廷的规章制度罢了。不久，他因事获罪被贬为金紫光禄大夫，很快又被授予散骑常侍、侍中、国子祭酒。

到溉为人谨慎仁厚，被高祖奖赏允许特例觐见，而高祖每次接见他，都会与他通宵达旦地下棋。到溉府里的山池中有奇异的石头，高祖就开玩笑地要把它作为下棋的赌注，外加《礼记》一部。到溉后来下棋真的输了这两样东西，却没有马上献给高祖，高祖对

朱异说："爱卿你说说，到溉会送来他输了的物品吗？"一旁的到溉收起朝笏回答："臣下既然侍奉君王，怎敢失信呢？"高祖大笑，由此事可以看出高祖对他亲近、宠爱到了什么程度。到溉后来患病失明了，朝廷下诏让他以金紫光禄大夫、散骑常侍的身份在府中养病。

【义理揭示】

围棋不同于象棋，所有的棋子都是平等的，没有大小之分。到溉和高祖既是君臣，又是棋友。双方棋争，无关地位，真正反映了围棋的艺术魅力。输棋的一方心甘情愿地兑现诺言，体现了君子风度；赢棋的一方尽管贵为天子，也不放弃赢得的赌注，这不是爱财，而是对棋艺的尊重。

十一　王子竟伏

【原文选读】

唐宣宗朝，日本国王子入贡[①]，善围棋。帝令待诏[②]顾师言与之对手。王子出本国如楸玉局[③]、冷暖玉棋子。盖玉之苍者，如楸玉色，其冷暖者，言冬暖夏凉，人或过说，非也。

王子至三十三下，师言惧辱君命，汗手死心，始敢落指。王子亦凝目缩臂数四，竟伏[④]不胜，回谓礼宾曰："此第几手？"答曰："其第三手也。"王子愿见第一手，礼宾曰："胜第三，可见第二；胜第二，可见第一。"王子抚局叹曰："小国之一，不及大国之三！"

（选自宋孙光宪《北梦琐言》）

注释：

①入贡：外邦或属国向朝廷进献礼物。

②待诏：官名。唐玄宗时设翰林待诏。

③楸（qiū）玉局：苍青色玉石制的围棋盘。

④伏：伏局，即认输。

【文意疏通】

中国棋手和日本王子的棋艺对决，发生在大唐盛世。这个故事引人入胜，也颇值得玩味。

唐宣宗时，日本国的王子来向唐王朝进贡。听说他擅长下围棋，唐宣宗就让棋待诏顾师言和他对弈。日本王子拿出自己国家的苍青色玉石制的围棋盘和冷暖玉制的棋子——看上去，那黑色的玉盘像楸玉一般的颜色，那冷暖玉棋子，有冬暖夏凉的感觉——这些也许是人们言过其实，不一定是这样的。

两个人对弈，日本王子已下到第三十三手了，顾师言开始有点担心不能完成宣宗的使命，紧张得手心都出汗了，反复斟酌，然后下了最后决心，才敢落子。日本王子也凝目注视着棋盘，拿着棋子的手臂反复地伸出又收回，最终不得不认输，王子没有取胜。他回头对负责的礼宾说："这位是棋力排位第几的国手？"礼宾说："他是排位第三的棋手。"王子于是提出想见排位第一的国手。礼宾回答："你如果胜了排位第三的棋手，那么就可以见排位第二的棋手；如果胜了排位第二的棋手，才可以见排位第一的棋手。"王子抚摸着棋盘，叹息说："小国的第一，比不上大国的第三。"

【义理揭示】

顾师言不负君王重托，顶住巨大压力，赢得了中日顶尖棋手之间的巅峰之战。他不仅为自己赢得了声誉，也为大唐王朝立下了功勋。正所谓“自胜者强”。但是说到底，围棋毕竟是一门艺术，胜固可喜，败也应欣然。

十二　一代国手

【原文选读】

有清弈国手曰范西屏，吾浙海宁人。父某，以好弈破其家，弈卒不工。西屏生三岁，见父与人弈，辄哑哑然[①]指画之。十六岁，以第一手名天下。当雍正、乾隆间，天下升平，士大夫公余[②]，争具采币[③]，致勍敌[④]角[⑤]西屏，以为笑娱。海内惟施定庵[⑥]一人，相差亚也。然施敛眉沉思，或日昳[⑦]未下一子；而西屏嬉游歌呼，应毕则哈台[⑧]鼾去。尝见其相对时，西屏全局僵矣；隅坐者群测之，靡以救也。俄而争一劫，则七十二道体势[⑨]皆灵。呜呼，西屏之于弈，可谓圣矣！

为人介朴，弈以外虽訹[⑩]以千金，不发一语。遇窭人子[⑪]，显者面不换色。有所畜，半以施戚里[⑫]。余不嗜弈，而嗜西屏。初不解所以，后接精髹器[⑬]者卢玩之、精竹器者李竹友，皆醰粹[⑭]如西屏，然后叹艺果成，皆可以见道。而今日之终身在道中，今人见之怫然[⑮]不乐，尊官文儒，反不如执伎[⑯]以事上者，抑又何也？

西屏赘于江宁，无子。以某月日卒。葬某。有《桃花泉弈谱》传世。

铭曰："虽颜、曾[17]，世莫称。惟子之名，横绝四海而无人争。将千龄万龄，犹以棋鸣，松风丁丁！"

（选自清袁枚《范西屏墓志铭》）

注释：

①哑哑然：小孩学说话的样子。

②公余：办完公事之后的闲暇时间。

③采币：赌注。

④勍（qíng）敌：强敌。

⑤角（jué）：较量。

⑥施定庵：清代围棋国手。

⑦日昳（dié）：日过午偏西。

⑧咍（hāi）台：睡觉时呼吸声。

⑨体势：情势，形势。

⑩訹：利诱。

⑪窭（jù）人子：贫家子弟。

⑫戚里：亲戚街坊。

⑬髹（xiū）器：漆器。

⑭醰（tán）粹：纯美。

⑮怫（fú）然：气愤的样子。

⑯执伎：怀有才能技艺。

⑰颜、曾：孔子的弟子颜回、曾参。

【文意疏通】

袁枚，字子才，号简斋，自号随园主人，是清代诗人、散文家、文学评论家。他少有才名，擅长写诗文，其笔下的围棋国手自

有一番别样的风采。

清代围棋国手范西屏是我们浙江海宁人。他的父亲，因为嗜好下围棋而导致家道败落，可惜至死他的棋艺也不高。范西屏三岁时，因看见父亲和别人对弈，就咿咿呀呀地指点棋局，表现出对棋艺的兴趣。十六岁时，他的棋艺就以第一高手而名闻天下了。雍正、乾隆年间，天下太平，士大夫在办完公事后的业余时间里，争相设置棋局赌彩，自然会邀请许多实力高强的棋手来与范西屏比赛，他们把这个作为娱乐活动。当时，全国只有施定庵一个人在棋艺上和范西屏不相上下。但是施定庵下棋时总是皱着眉头沉思，有时好半天都不能落下一枚棋子；而范西屏很快回应一枚棋子后就去游戏唱歌，有时甚至会呼呼大睡，鼾声大作。我曾经看见有一次他和人对局，整个棋局的形势已经非常危险了，坐在两旁看棋的人共同研究棋局，都觉得没有办法挽救。不久，双方争相打了一个劫，范西屏的整盘形势就忽然逆转，变得鲜活生动起来。由此可见，范西屏在围棋界真可谓是圣人啊！

范西屏为人耿直朴实，和人交流，除了谈下棋，倘若谈论其他事情，即使你以千金利诱，他也一言不发。他待人真诚，即使遇到贫家子弟，脸色也会平和如一。倘若他自己有了钱财，也会拿出一半分给亲戚邻居。说实话，我不喜欢下棋，但我喜欢范西屏。一开始我不理解这是为什么，后来结识了精通漆器的卢玩之和精通竹器的李竹友——他们都如同范西屏一样品行纯净——然后我就感叹一个人的技艺一旦修炼成功，人们就可以发现他的品行修养的成功。可是现在那些终身都在道中的人，人们看到他们就气愤、不开心。地位尊贵的高官、名声远扬的大儒，他们的品行反而比不上那些身怀技艺来侍奉他人的人，又是为什么呢？

范西屏入赘在江宁，没有生养儿子。在某年某月去世。生前著有《桃花泉弈谱》流传于世。

他的墓碑的铭文说：“即使是颜回和曾皙，世人也不是都称赞，只有您的名声，横跨四海却没有人和您相争。您的名声将千年万年永世长存，好像棋子落在棋盘上的响声，如同松涛的风声丁丁悦耳。”

【义理揭示】

棋品即人品。范西屏棋艺高超，人品更高。他为人耿直朴实、乐善好施。这些美好的品行和他在棋艺上的修炼是相辅相成的。

中国自古就流行围棋和象棋两种对弈形式，它们精彩纷呈，又各有特点。大致说来，围棋偏重于战略思维，象棋偏重于战术设计。一般来说弈棋可以是休闲，可以是比赛，也可以是艺术。但围棋在中国文化中不仅仅是一般的消遣游戏，也不仅仅是单纯的体育比赛或艺术活动，围棋往往能够深刻地影响和陶冶人们的道德修养、气质风度、行为准则、审美趣味和思维方式，在特定背景下还能振奋民族精神，所以较之象棋，围棋更能体现文化传承的脉络。

围棋起源于中国，古代称为弈，相传已有四千多年的历史，是中华民族对人类文明最伟大的贡献之一。

围棋可以使人修养身心，养成临危不惧和从容镇定的风度。棋可修身体现在弈者对局时不急不躁、自在自得的心态。从这个意义

上讲，围棋的最大价值或许在于它是人生体验的另一种呈现方式。

对于普通人，对弈可以丰富人生体验，陶冶从容恬淡的风度。范端智棋艺超常，但是面对高额悬赏心态失衡，导致对局失败。这是一个反面的事例，从失败的角度启迪人们面对诱惑要保持平常心。纹枰对弈如此，人生亦如此。赵师秀、徐渭等历代文人在他们的咏棋作品中寄寓了丰富的人生况味和感悟，从不同的角度启示后人，在面对或顺或逆、或喜或悲的人生格局时，可以有“闲敲棋子落灯花”的从容闲适，也可以有“五百年来棋一局”的达观大度。但当对弈关系到国家的荣誉时，棋手则应全力以赴争取胜利。顾师言面对前来挑战的日本高手，全神贯注、如履薄冰，最终为国争光，这是另一种风度，同样光彩照人。

围棋还可以帮助人们养成虚心求学的态度。中国文化有注重文明传承的传统，古来圣哲常常谆谆教诲弟子学无止境，要虚心求学。正如孔子所言“三人行，必有我师焉”，中国文化正是由于这样代代相传才得以生生不息，至今依然焕发璀璨的光芒。棋如人生，学棋犹如求学。王积薪自以为棋艺天下无敌，然而面对老妪村妇只能甘拜下风，说明艺无止境，学亦无止境，更说明要虚心学习、不要骄傲自满的道理。钱大昕以棋喻学，指出人应当“试易地以处，平心而度之”，才能客观公正地评价事物，倡导人要有自知之明，也要有知人之明，不要妄自尊大，也不要轻视别人。弈棋教会人们以谦虚的姿态追求真理和学识。

围棋构成文化修养的重要内涵。张孝平、毕亚旭在《围棋文化的启迪》中指出：唐朝以来，琴、棋、书、画已成了极为重要的文化艺术修养标准，它对中华民族的文化追求、文化构成和文化心理都产生了深远的影响。从这个意义上来讲，围棋又是文化传承的最佳载体之一。

写过《梦中作》《新开棋轩呈元珍表臣》《刘秀才昉宅对弈》等佳作的欧阳修，晚年自号“六一居士”，把“有棋一局”与“藏书一万卷”“金石遗文一千卷”“琴一张”“酒一壶”“一老翁”并列，“聊以志吾之乐尔”。“棋罢不知人换世”是梦境的描写，也或许是诗人内心愿望的曲折表达，一种诗酒风流跃然纸上。

围棋是中国人民智慧的结晶，又是历久弥新的传世经典，它永恒的光芒将伴随人类文明一路前行。

围棋是中国的国粹，长期在世界（主要是东亚）范围内独领风骚。但是，随着中国封建社会走向末世，中国围棋也渐渐落后于日本。

陈祖德步入棋坛之时，是不折不扣的中国围棋领军人物，担当了向日本棋手冲击的重任。陈祖德好胜心极强，他经常说：“我下什么棋都想赢，不想赢就没有意思了。”他勤于钻研棋艺，棋艺飞速提升。1963 年 9 月 27 日，陈祖德战胜日本杉内雅男九段，成为第一个在中国击败日本九段棋手的中国人，打破了“日本九段不可战胜”的神话，极大地激励了中国棋手的士气。正如顾师言承受极大压力战胜日本棋手一样，陈祖德维护了中国围棋的尊严。

1975 年，聂卫平在我国近代围棋史上首次分先战胜日本九段棋手。1976 年，他东渡日本，一举击败四名日本九段高手，取得了七战六胜的战绩，获得了“聂旋风”的赞誉。1984 年，在第一

届 NEC 中日围棋擂台赛中，聂卫平作为中方擂主出战，接连对战日本超一流棋手小林光一和加藤正夫，最后的决战对手是日本终身名誉“棋圣”藤泽秀行。赛前日方记者曾说，聂卫平取胜是天方夜谭。但是奇迹真的出现了。聂卫平连胜小林光一、加藤正夫、藤泽秀行三大超一流棋手，取得胜利。日方失败后，这三位超一流棋手削发谢罪。聂卫平也因此成为中国的民族英雄。

在第二届中日围棋擂台赛中，聂卫平五连胜，战胜了超一流棋手武宫正树、大竹英雄。在第三届中日围棋擂台赛中，副帅马晓春战胜武宫正树，聂卫平战胜加藤正夫。聂卫平由于身体原因，在比赛过程中需要不时吸氧。他以哀兵姿态出场，几乎凭一己之力连战连胜，创造了中日围棋交往史上的奇迹，谱写了家国一体的爱国情、经邦济世的强国梦和荣辱与共的兴国志。在特定的历史时期，聂卫平的胜利契合了当时中国人“冲出亚洲，走向世界”的梦想，所以，这场胜利不仅属于围棋，更属于整个民族的狂欢。当围棋承载了国家荣誉乃至民族复兴的重任之时，对弈也就超越了棋艺，更多地体现出了棋手的责任意识和荣誉感。就棋艺本身而言，聂卫平有极好的大局观，善于从战略上掌控棋局变化，他继承了中国优秀的围棋传统。

中日围棋擂台赛对中国围棋的意义是无法估量的，它使中国喜欢围棋的人呈爆炸式增长；它让中国棋手突破了日本超一流的壁垒，先后有马晓春、钱宇平、俞斌、常昊等优秀棋手涌现，从此中日成为真正平等的对手；它还培育了以常昊为首的“小龙”一代中国棋手，起到了继往开来的作用。

后来，韩国围棋异军突起，中国围棋刚刚挣脱日本围棋的束缚，又被韩流彻底压制。中国围棋界痛定思痛，着力培养年轻棋手。小龙辈、小豹辈、小虎辈棋手层出不穷，中国围棋的后备力量全面领先日韩，奠定了全面爆发的基础。2013 年，在全年六大世界围棋比赛中，中国"90 后"棋手大放异彩，包揽全部冠军。自 1996 年以来，韩国围棋首次尝到了颗粒无收的苦果。

今日的中国围棋在国际赛场上已经远胜日本，现在又在后备力量上全面超越韩国。这些骄人的成绩，不仅来自于棋手自身的努力拼搏，更来自于国家兴盛带来的巨大推动力量。棋虽小道，却与国家的兴衰密切相关，正所谓"国运兴，棋运兴"。

1. 有人说：方寸棋盘，包容天地。你阅读了本章以后，对此说法有什么见解？

2. 在现代生活中，"棋弈"的种类和方式已经非常丰富了，相信你一定有过棋弈的体验。棋弈是在斗智，需巧用心机，但很多人却说棋弈可以养性，这种说法是否矛盾？请结合自己的棋弈体验谈谈对此的认识。

第五章　画——象意合一

一　改画误昭君

【原文选读】

元帝[①]后宫既多，不得常见，乃使画工图形，案[②]图召幸[③]之。诸宫人皆赂[④]画工，多者十万，少者亦不减[⑤]五万。独王嫱不肯，遂不得见。匈奴入朝，求美人为阏氏[⑥]。于是上案图，以昭君行[⑦]。及去，召见，貌为后宫第一，善应付，举止闲雅[⑧]。帝悔之，而名籍[⑨]已定。帝重信于外国，故不复更人。乃穷案[⑩]其事，画工皆弃市[⑪]，籍[⑫]其家，资皆巨万。

画工有杜陵毛延寿，为人形，丑好老少，必得其真；安陵陈敞，新丰刘白、龚宽，并工为牛马飞鸟众势，人形好丑，不逮延寿；下杜阳望亦善画，尤善布色，樊育亦善布色。同日弃市。京师画工于是差稀。

（选自晋葛洪《西京杂记》）

注释：

①元帝：指汉元帝。

②案：通"按"，意思是按照。

③幸：宠幸，指帝王对后妃的宠爱。

④赂：赠送财物。

⑤不减：不少于。

⑥阏氏（yān zhī）：汉时匈奴单于之妻的称号，即匈奴皇后之号。

⑦行：前行，这里指出嫁。

⑧闲雅：亦作"娴雅"，从容大方。

⑨名籍：记名入册。

⑩穷案：彻底追查。

⑪弃市：古时在闹市执行死刑，并把尸体暴露街头。

⑫籍：登记，抄查没收。

【文意疏通】

王昭君是中国古代四大美女之一。她传奇的人生经历一直为后世历代诗人、画家、音乐家所津津乐道。画工毛延寿也因为卷入王昭君的故事中而成为争论的焦点之一。

后宫女子多了之后，有许多女子汉元帝不能经常见到，于是他就让画工画出她们的相貌，根据图像的好看与否来决定宠幸某个宫女。那些宫女都贿赂画师，贿赂金额最多的有十万钱，少的也不低于五万钱。唯独王昭君不肯贿赂画工，她的画像不能表现出她的真实美貌，于是她就不能被汉元帝召见宠幸。后来匈奴来朝拜，请求赐美女当单于夫人。于是汉元帝察看画工们画的画像，决定让王昭君出行。等到送亲的队伍要离开的时候，汉元帝召见了王昭君，发现她的美貌是后宫第一流的，而且巧于应答，举止行动沉静优雅。

汉元帝对这件事很后悔，然而名册已经制定。皇帝必须对外国讲究信义，所以不便更改人选。他只好在送走王昭君以后彻底追究查明画工受贿的事情，受贿的画工都在集市上被斩首，抄没的家产高达巨万。

画工有杜陵的毛延寿，画人像，无论丑的人、美的人、老的人、年轻的人，他肯定能画得跟真的一样；安陵的陈敞，新丰的刘白、龚宽，一起画牛马飞鸟的各种姿势、人的相貌的美丽丑陋，不如毛延寿；下杜的阳望也擅长画画，尤其善于着色，樊育也善于着色。他们都在同一天被杀了，京城的画工因此少了许多。

【义理揭示】

在民间传说中，画工毛延寿负责给王昭君画像，昭君家境贫寒，无力行贿，毛延寿便把她画得很丑，而且还在面颊上点了一颗黑痣，导致昭君远嫁匈奴、流落他乡的悲惨命运。这个传说说明凡是涉及切身利益的事情都会有不正当竞争，都会有人为此付出惨重代价，不过，也会有人坚守自己的道德底线，清白做人。

二 恺之画传神

【原文选读】

顾恺之，字长康，晋陵无锡人也，博学有才气。人问以会稽山川之状，恺之云："千岩竞秀，万壑争流。草木蒙笼，若云兴霞蔚。"

恺之每食甘蔗，恒自梢至根。人或怪之，云："渐入佳境。"

尤善丹青[①]，图写特妙，谢安深重之，以为有苍生以来未之有也。每图起人形，妙绝于时。每画人成，或数年不点目睛。人问其故，答曰：四体妍蚩，本无阙少于妙处，传神写照，正在阿堵[②]中。

长康又曾于瓦棺寺北小殿，画维摩诘。画讫，光彩耀目数日。《京师寺记》云："兴宁中，瓦棺寺初置。僧众设会，请朝贤鸣刹注疏。其时，士大夫莫有过十万者。既至，长康直打刹注百万。长康素贫，众以为大言。后寺众请勾疏[③]，长康曰宜备一壁，遂闭户往来一月余。日所画维摩诘一躯工毕，将欲点眸子，乃谓寺僧曰：'第一日观者请施十万，第二日可五万，第三日可任例责施。'及开户光照，一寺施者填咽，俄而[④]得百万钱。"

故俗传恺之有三绝：才绝，画绝，痴绝。

（选自《晋书·文苑》，有删改）

注释：

①丹青：指绘画。

②阿堵：是六朝和唐时的常用语，相当于现代汉语的"这个"。

③勾疏：出家人请施主兑现承诺的钱物。

④俄而：没过多久，一会儿。

【文意疏通】

顾恺之是东晋画家、绘画理论家、诗人，工诗赋、书法，尤善绘画。他作画意在传神，主张绘画要表现人物的精神状态和性格特征。他善于用睿智的眼光来审察题材和人物性格，因而他的画具有一定的思想深度，耐人寻味。顾恺之是继东汉张衡、蔡邕等以来所有士大夫画家中成就最突出的画家。

在《晋书·文苑》中记载了顾恺之的几则故事：

顾恺之，字长康，是晋陵无锡人。博学有才气。人们问他会稽山水的状貌。顾恺之说道：“千山竞秀，万壑争流。草木茂盛，好像云兴霞蔚。”

顾恺之每次吃甘蔗，总是先从顶部吃起，直到根部。有人感到奇怪，他说：“这样吃可以渐渐尝到最好的味道。”

顾恺之特别擅长绘画，画出的像特别神妙，谢安因此非常器重他，认为他是自古以来不曾有过的画师。顾恺之每每画出的人像，在当时都是最好的。在顾恺之看来，人像的关键是眼睛，必须慎重揣摩。所以他每次把人像画好后，会好几年都不画上眼睛。别人问起缘故，他总是回答说，四肢的美丑是无关紧要的，画像要能传神，关键就在这里。

顾恺之曾经在瓦棺寺北端的小殿中画维摩诘的像。画好以后，这幅画居然连续多日散发着光彩。《京师寺记》记载：“兴宁年间，瓦棺寺刚修建完毕。寺院的住持向城中的士大夫募捐。那时，一般人认捐，没有超过十万钱的，可是顾恺之来了以后一下子就认捐了一百万钱。顾恺之一向贫穷，大家都认为他在吹牛。后来寺庙中的人要求顾恺之兑现承诺的钱物，顾恺之就请住持给他准备一堵墙壁，然后他用了一个多月的时间，闭门谢客，每天在墙壁上画维摩诘的像。当画快要完工只等着给画上的人物点眼珠子的时候，他就对住持说：‘第一天来看画的，可请他捐钱十万，第二天来的可捐五万，到了第三天，则随他们的意捐助吧。’打开寺门后，这幅维摩诘的画像光彩夺目，前来观看的客人像云一样汇集过来，挤满了整座寺院，不多时人们就给寺院捐足了一百万钱。”

所以世人称赞顾恺之有三绝：才绝、画绝和痴绝。

【义理揭示】

顾恺之被称赞为才绝、画绝和痴绝，其中，"才绝"是说顾恺之多才多艺，"画绝"是说顾恺之擅长绘画，"痴绝"是说顾恺之研究艺术专心致志的精神。这里值得一提的是顾恺之作画意在传神，重视对所绘对象的体验、观察，在形似的基础上表现人物的情态、神思，以形显神。而《晋书·文苑》中的这几则故事，还让人看到了顾恺之率真、乐观的生活态度。

三 宗炳绘山水

【原文选读】

宗炳，字少文，南阳涅阳人也。祖承，宜都太守。父繇之，湘乡令。母同郡师氏，聪辩有学义，教授诸子。

高祖开府辟召，下书曰："吾忝大宠[①]，思延[②]贤彦。南阳宗炳、雁门周续之，可下辟召，以礼屈之。"于是并辟[③]太尉掾，皆不起。宋受禅，征为太子舍人；元嘉初，又征通直郎；东宫建，征为太子中舍人，庶子，并不应。妻罗氏，亦有高情，与炳协趣[④]。罗氏没，炳哀之过甚，既而辍哭寻理，悲情顿释。谓沙门释慧坚曰："死生不分，未易可达，三复至教，方能遣哀。"衡阳王义季在荆州，亲至炳室，与之欢宴，命为谘议参军，不起。

好山水，爱远游，西陟荆巫，南登衡岳，因而结宇衡山，欲怀尚平之志。有疾，还江陵，叹曰："老疾俱至，名山恐难遍睹，唯当澄怀观道[⑤]，卧以游之。"凡所游履，皆图之于室，谓人曰："抚琴动操，欲令众山皆响。”古有《金石弄》，为诸桓所重，桓氏亡，其声遂绝，惟炳传焉。太祖遣乐师杨观就炳受之。

炳外弟师觉授亦有素业，以琴书自娱。临川王义庆辟为祭酒，主簿，并不就，乃表荐之，会病卒。

元嘉二十年，炳卒，时年六十九。衡阳王义季与司徒江夏王义恭书曰：“宗居士不救所病，其清履肥素[⑥]，终始可嘉，为之恻怆，不能已已。”

史臣曰：“夫独往之人，皆禀偏介之性，不能摧志屈道，借誉期通。若使值见信之主，逢时来之运，岂其放情江海，取逸丘樊[⑦]。盖不得已而然故也。”

（选自《宋书·隐逸传》）

注释：

①忝（tiǎn）大宠：继承帝位，有辱天子称号。

②延：延请。

③辟：征召。

④协趣：趣味相投。

⑤澄怀观道：使自己的心情更加沉静，修养进一步提高。

⑥清履肥素：指行迹超凡脱俗。

⑦丘樊：园圃，乡村。亦指隐居之处。

【文意疏通】

宗炳是南朝著名的画家，他一生喜好山水，晚年因病不能再涉足山水，常常感叹不已。他将平生所游之地用画笔绘于室内的墙上，虽然足不出户，却也好像置身于山水之间。他自称：“澄怀观道，卧以游之。”在《宋书·隐逸传》中，有这样的记载：

宗炳字少文，南阳涅阳人。祖父宗承，曾担任过宜都太守。父亲繇之，曾担任过湘乡令。母亲是父亲同郡人师氏，非常聪明，有口才、有学问、有节操，亲自教育所有的子女。

当年，高祖打开官府大门，公开招揽天下人才，他下诏书说："我继承帝位，有点辱没天子的称号，我要延请、招聘天下的贤明人士。南阳人宗炳、雁门人周续之，可以下令征召他们，以礼相待，让他们出来做官。"于是当朝征召他们为太尉掾，他们二人却不去应诏。后来接受禅让的人继位掌权后，又征召宗炳为太子舍人；元嘉初年，又征召他为通直郎；东宫太子得势后，又征召他为太子中舍人和中庶子。宗炳都没有去应诏。他的妻子罗氏也有高尚的情怀，和宗炳志趣相投。罗氏去世后，宗炳十分悲痛，伤感了很长时间。后来宗炳停止了悲伤，用佛理自遣，悲哀的情绪立即减轻了许多。他对和尚慧坚说："人对于生与死的区别，是不容易明白的，再三反复地思考，才排遣了心中的悲哀。"衡阳王刘义季在荆州时，亲自到宗炳的家里，和他一起欢聚，并任命宗炳为谘议参军。宗炳依然没有接受。

宗炳酷爱山水，喜欢远足。他向西到过荆巫地区，向南登临过衡山，并在衡山上盖屋居住了一段时间，内心里怀着前人向子平那样的隐居志向。后来，他因病回到了江陵，无奈地叹息道："我年纪大了，病也来了，名山大川恐怕很难看完了，只有使自己心情沉静下来，睡在床上，再去游历这些大好河山吧。"于是他把自己所有游历过的地方，都绘成图画，贴在室内的墙上。他对人说："我弹琴奏乐，要让众山都发出回响。"古代有《金石弄》一曲，被桓氏家族珍藏，桓氏家族衰败之后，这支曲子也就失传了，现在只有宗炳还能弹奏。太祖就派乐师杨观跟着宗炳学习这支曲子。

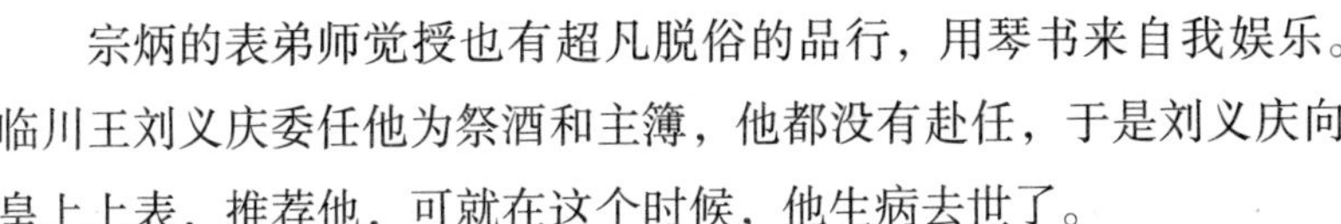

宗炳的表弟师觉授也有超凡脱俗的品行，用琴书来自我娱乐。临川王刘义庆委任他为祭酒和主簿，他都没有赴任，于是刘义庆向皇上上表，推荐他，可就在这个时候，他生病去世了。

元嘉二十年（443），宗炳去世，终年六十九岁。衡阳王刘义季给司徒、江夏王刘义恭写信说：“宗居士不去改变他所不满的东西，他的行为超凡脱俗，一生的品行都值得褒扬，我对他的去世深感悲痛，简直无法控制自己的哀思。”

史臣说：“那些独来独往的人，性格都多少有点偏执、耿直，所以不能剥夺他们的理想，使他们屈服于自己的意志。要借招贤纳士来树立自己的威信，一定要使他们信服。如果让他们遇上值得信赖的君主，遇到太平盛世，他们怎么会放荡于湖海之上，隐遁在乡村之中呢？他们大概是因为不得已才这样的。”

【义理揭示】

今天的我们，能否在各种各样的忙碌中暂时停下脚步，摈弃一切杂念，独自欣赏一幅意境深远的山水画作，置身于那寂静的山林？那里，峰峦耸峙、云林深远，圣贤的思想辉映着古老的岁月……

四　画圣吴道玄

【原文选读】

唐吴道玄字道子，阳翟人也。少孤贫。天授之性，年未弱冠[①]，穷丹青之妙。浪迹东洛，玄宗知其名，召入供奉。大略宗师张僧繇千变万状，纵横过之。两都寺观，图画墙壁四十余间，变像即同，人相诡状，无一同者。其见在为人所睹之妙者。

朱景玄云：“有旧家人尹老八十余，尝云：‘见吴生画中门内神，圆光最在后，一笔成。当时坊市老幼，日数百人，竟候观之。缚阑②。施钱帛与之齐。及下笔之时，望者如堵。风落电转，规成月圆，宣呼之声，惊动坊邑。或谓之神也。’”

又玄宗天宝中，忽思蜀中嘉陵江山水，遂假吴生驿递，令往写貌。及回日，帝问其状。奏云：“臣无粉本，并记在心。”遣于大同殿图之，嘉陵江三百里山水，一日而毕。时有李将军山水擅名，亦画大同殿壁，数月方毕。玄宗云：“李思训数月之功，吴道玄一日之迹，皆极其妙也。”又画殿内五龙，鳞甲飞动，每欲大雨，即生烟雾。

（选自唐朱景玄《唐朝名画录》）

注释：

①弱冠：古代男子二十岁称为“弱”，这时就要行“冠礼”，即戴上表示已成人的帽子。“弱冠”即年满二十岁的男子。

②缚阑（lán）：拦上绳索。

【文意疏通】

吴道子是唐代画家，被后世尊称为“画圣”，被民间画工尊为祖师。关于吴道子，唐朝翰林学士朱景玄所著的《唐朝名画录》有这样的记载：

唐朝人吴道玄，字道子，阳翟人，小时候是个贫穷的孤儿。吴道玄能够成为一名著名的画家，是上天赋予他的这种天赋。他未长大成人就通晓绘画的奥妙。他还在东都洛阳流浪的时候，唐玄宗听说了他擅长绘画的名声，就将他召入宫中为皇家作画。吴道玄的画大体上是师承张僧繇，但是他又有自己的发展，变革了张僧繇的一些画法。因此，他的绘画不论从哪个方面看，都超过了张僧繇。吴道玄先后为东都洛阳、西都长安的佛寺、道观绘制了四十多幅壁画，都是菩萨、鬼怪一类的画。但是每幅画上的人物形象都很诡谲，而且一人一相，没有雷同的，都是当今人们能看到的这类题材的画中画得最好的。

朱景玄曾经讲过这样一件事："家里面有位姓尹的老仆人，大约有八十多岁了。这位老仆人讲：'我亲眼见到吴道玄给朱家宗庙的中门画家神，最后画头顶的圆轮佛光时，一笔就画成了。当时街坊邻里的老老少少都来观看。每天有好几百人，都挤在那儿候着观看吴先生作画。为了维持绘画现场的秩序，人们只好在前面拦上绳索。观看的人纷纷布施钱物给吴先生。等到吴先生下笔绘画时，围观的人竟然挤成了一堵密不透风的墙。只见吴先生大笔一挥，如同风过电转，转瞬间，家神的头顶就出现了一圈如圆月般的金光。人们的赞叹、叫好声一下子惊动了整个街区。有的人因此称吴道玄为天神。'"

唐玄宗天宝年间，皇上忽然思念蜀中的嘉陵江山水。于是发给吴道玄一道手令，让沿途驿站为他提供车马，载他去嘉陵江边去写生。待到他返回京都后，玄宗皇帝问："此去怎么样？请将嘉陵江山水的写生草本拿来让我看看。"吴道玄回答："我没有写生的草本，都记在心中了。"玄宗皇帝命令他在大同殿的墙壁上将之画出来。嘉陵江三百里山水，他仅用一天时间就画完了。当时以擅画山水画而名传京都的李思训将军也在大同殿作壁画。他的这幅山水壁画用了好几个月的时间才画完。玄宗皇帝说："李思训将军花费好几个月的时间绘完了一幅山水壁画，吴道玄仅用一天时间就画完了。两幅壁画都画得好极了。"吴道玄又在殿内画《五龙图》。五条龙摇首摆尾，像要腾飞似的，每当天要下雨时，画上就生出烟雾来。

【义理揭示】

苏东坡在《书吴道子画后》一文中说："诗歌的最高境界是杜子美，文章的最高境界是韩退之，书法的最高境界是颜真卿，绘画的最高境界是吴道子……"上文中说吴道子有"天授之性"，其实，上天给他的这种才能来自于吴道子过人的旺盛精力、不凡的创作热情及其大胆的想象能力。正是这些特质有助于画家创造出丰富的人物形象。所以，我们与其坐等"天授"，不如培养兴趣、挖掘潜力，不断突破和超越自我。

五 画中亦有诗

【原文选读】

元祐丁卯，余为汝南郡学官，夏，得肠癖之疾，卧直舍中。所善高符仲携摩诘《辋川图》[①]视余，曰："阅此可以愈疾。"余本江海人，得图喜甚，即使二儿从旁引之，阅于枕上，恍然若与摩诘入辋川，度华子冈，经孟城坳，憩辋口庄，泊文杏馆，上斤竹岭，并木兰柴[②]，绝茱萸沜[③]，蹑槐陌，窥鹿柴；返于南北垞[④]，航欹湖，戏柳浪[⑤]，濯栾家濑[⑥]，酌金屑泉，过白石滩，停竹里馆，转辛夷[⑦]

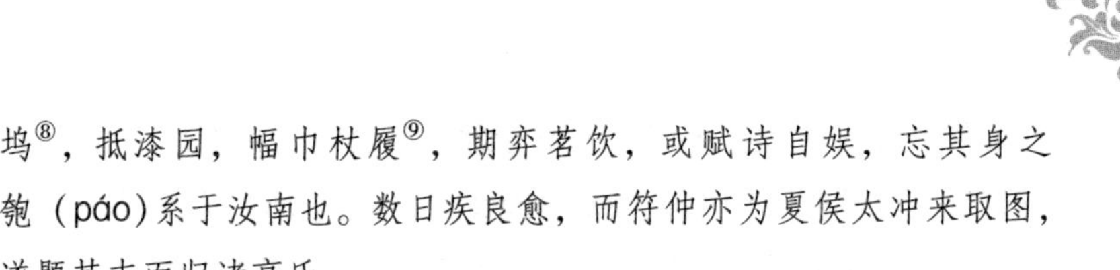

坞⑧，抵漆园，幅巾杖履⑨，期弈茗饮，或赋诗自娱，忘其身之匏（páo）系于汝南也。数日疾良愈，而符仲亦为夏侯太冲来取图，遂题其末而归诸高氏。

（选自宋秦观《淮海集·书辋川图后》）

注释：

①辋川：位于西安东南六十余里的蓝田县境内，是王维晚年隐居之地。《辋川图》历来被视作王维的代表作。

②柴：通“寨”，读 zhài，意为防守的栅栏篱障。

③泮：通“畔”，岸边。

④垞（chá）：小丘名。

⑤柳浪：柳枝随风摆动起伏之状。

⑥濑（lài）：一般是指激流。

⑦辛夷：中药材，又名木笔、紫白玉兰。

⑧坞：水边建筑的停船或修造船只的地方；地势周围高中间凹的地方。

⑨杖履：徒步。杖，手杖，活用作动词，拄着拐杖。履，用麻葛做成的鞋子，活用为动词，穿着鞋。

【文意疏通】

王维字摩诘，是盛唐时期的山水田园派诗人、画家。王维多才多艺，受禅宗影响很大，诗、书、画都很有名。其绘画代表作有《伏生受经图》《辋川图》《雪溪图》等。《书辋川图后》是宋代文人秦观撰写的关于《辋川图》的文章。

宋哲宗元祐三年（1088），我在汝南县担任学官，主管一州学政。有一年夏天，我忽然患了肠胃疾病，好久都没有治好，只能在家卧病休养。这时，我的好友、精通医理的高符仲来看望我，他给我带来一幅唐代大诗人、大画家王维的名画《辋川图》，说："你好好欣赏这幅画，用不了多长时间，保管疾病全消。"我本是江南人，早就听说王维的名气，今天能够观赏到他的真迹，心中不免喜出望外。于是就让两个书童在床边拉开了画卷，我靠在枕上细细地欣赏起来。恍惚之中，我好像离开病榻跟随摩诘来到了辋川，登上华子冈，经过孟城坳，在辋口庄小歇，泊船于文杏馆，登临于斤竹岭，又去了木兰寨，横渡茱萸池畔，走过长着槐树的小路，看了鹿柴；回到南北坡，在欹湖行船，欣赏柳枝随风摆动起伏之状，濯栾家濑，酌金屑泉，过白石滩，停竹里馆，转过玉兰花盛开的山谷，来到漆园，头戴帛巾，手拄拐杖，或弈棋饮茶，或作诗自娱，竟忘记了自己的病躯和种种不愉快的遭遇。不出几天，我的病就痊愈了。符仲为夏侯太冲来取图，于是我就在画的底端题文并且把它还给了高符仲。

【义理揭示】

辋川是王维隐居之地，这里四面环山，深林翠竹，岩洞流泉。辋川的一草一树、一丘一壑都被画家的心灵熨烫过。"味摩诘之诗，诗中有画；观摩诘之画，画中有诗"，这是苏轼的名言，一言既出，遂成千古定论。千年前，秦观在欣赏王维的画作时，心灵进入了光明莹洁的审美空间，使得疾病痊愈；千年后，我们再次受到艺术熏陶，又会得到怎样的启示呢？

六 戴嵩画牛尾

【原文选读】

蜀中有杜处士，好书画，所宝[①]以百数。有戴嵩[②]牛一轴，尤所爱，锦囊玉轴[③]，常以自随。一日曝书画，有一牧童见之，拊掌[④]大笑曰："此画斗牛也！斗牛力在角，尾搐[⑤]入两股间。今乃掉尾[⑥]而斗，谬矣！"处士笑而然[⑦]之。古语有云："耕当问奴，织当问婢。"不可改也。

（选自宋苏轼《东坡志林》）

注释：

①宝：珍藏。

②戴嵩（sōng）：唐代画家。

③锦囊玉轴：以玉为轴，用锦囊装起来。囊，袋子，此处指画套。

④拊（fǔ）掌：拍手。

⑤搐（chù）：抽缩。

⑥掉尾：翘起尾巴。

⑦然：认为对。

【文意疏通】

戴嵩是唐代著名的画家，他擅长画田家、川原之景，其中以画水牛而闻名，后人称之为"野性筋骨之妙"。相传他曾经画饮水的牛，水中倒影，唇鼻相连，可见他观察之精微。他画牛和韩干画马同样著名，被合称为"韩马戴牛"。戴嵩的传世作品有《斗牛图》，在这幅画中，他绘出了两牛相斗的场面，一牛前逃，似力怯；另一牛穷追不舍，低头用牛角猛抵前牛的后腿。画家高深的笔功和精湛的技艺使得作品不拘常规、生机盎然。关于这幅画，在《东坡志林》中，有这样的记载：

四川有个杜处士，喜爱书画，他所珍藏的书画有几百种。其中有一幅是戴嵩画的牛，他尤其珍爱。他用锦缝了画套，用玉做了画轴，经常随身携带。有一天，他摊开书画晒太阳，有个牧童看见了戴嵩画的牛，拍手大笑说：“这张画画的是斗牛啊！斗牛的力气用在角上，尾巴紧紧地夹在两腿中间。现在这幅画上的牛却是摇着尾巴在斗，错了！”杜处士笑了笑，感到他说得很有道理。古人有句话说：“耕种的事应该去问农民，织布的事应该去问女佣。”这个道理是不会改变的呀！

【义理揭示】

这个故事告诉我们：要认真、仔细地观察事物，不能凭空想象。在生活中，我们不能迷信权威，要从客观事实出发，尊重事实，注意观察生活，做生活的有心人。

七 成竹已在胸

【原文选读】

与可画竹，初不自贵重，四方之人持缣素[①]而请者，足相蹑于其门。与可厌之，投诸地而骂曰：“吾将以为袜材。”士大夫传之，以为口实。及与可自洋州还，而余为徐州。与可以书遗余曰：“近语士大夫，吾墨竹一派[②]，近在彭城，可往求之。袜材当萃于子

矣[③]。”书尾复写一诗，其略云：“拟将一段鹅溪绢[④]，扫取寒梢万尺长。”予谓与可：“竹长万尺，当用绢二百五十匹，知公倦于笔砚，愿得此绢而已。”与可无以答，则曰：“吾言妄矣。世岂有万尺竹哉?”余因而实之，答其诗曰：“世间亦有千寻竹，月落庭空影许长。”与可笑曰：“苏子辩则辩矣，然二百五十匹绢，吾将买田而归老焉。”因以所画《筼筜谷偃竹》遗予曰：“此竹数尺耳，而有万尺之势。”筼筜谷在洋州，与可尝令予作《洋州三十咏》，《筼筜谷》其一也。予诗云：“汉川修竹贱如蓬，斤斧何曾赦箨龙[⑤]。料得清贫馋太守，渭滨千亩在胸中。”与可是日与其妻游谷中，烧笋晚食，发函得诗，失笑喷饭满案。

（选自宋苏轼《文与可画筼筜谷偃竹记》）

注释：

①缣（jiān）素：供写字作画用的白色细绢。

②墨竹一派：善画墨竹的人，指苏轼。

③袜材当萃于子矣：谓求画的细绢当聚集到你处。

④鹅溪：在今四川盐亭县西北，附近产名绢，称鹅溪绢，宋人多用之当书画材料。

⑤箨（tuò）龙：竹笋。

【文意疏通】

文与可，号笑笑居士、笑笑先生，人称石室先生，北宋著名画家、诗人。他擅长诗文书画，曾深入竹乡观察体会，下笔迅速，以墨色的深浅描绘竹子的远近、向背，开创了墨竹画法的新局面，有“墨竹大师”之称。“胸有成竹”这个成语就起源于他画竹的故事。

起初，与可对自己的墨竹画并不看重。各地拿着丝绢前来求画的人，一个接着一个地找上门来。与可为此不胜其烦，他把丝绢抛在地上骂道："我要拿这些丝绢去做袜子！"这话传出去致使士大夫把它当成笑柄相传。后来，与可从洋州返回京城，我也去徐州赴任知州，与可写了一封信给我，说："我最近告诉士大夫们说，我们墨竹画派近在彭城，你们可以去那里求画。这回袜子材料应当集中到你那里了。"信尾还写了一首诗，其中说道："拟将一段鹅溪绢，扫取寒梢万尺长。"我回复与可说："竹子长万尺，应该用二百五十匹绢，我知道您是懒于作画，只是想要得到这些绢而已！"与可无言可对，抱歉地说："我说错了，世上哪里有万尺长的竹子呢？"我对这进行了解释，回答他的诗说："世间亦有千寻竹，月落庭空影许长。"与可笑道："苏公真善辩啊！如果有二百五十匹绢，我就要买田还乡养老了。"随后把他自己所画的《筼筜谷偃竹》赠给了我，说："这竹子只不过数尺，却有万尺的气势。"筼筜谷在洋州，与可曾经让我作《洋州三十咏》诗，《筼筜谷》就是其中的一首。我在诗中说："汉川修竹贱如蓬，斤斧何曾赦箨龙。料得清贫馋太守，渭滨千亩在胸中。"与可那天正和他的妻子在谷中游赏，烧笋当晚饭吃，打开信封看到诗，禁不住大笑，把嘴里的饭喷满了桌子。

【义理揭示】

"胸有成竹"这个成语就是起源于"文与可画竹"这个小故事，在文与可看来："我只不过是把心中的竹子画出来罢了。"今天，我们再来看"胸有成竹"这个词，它给我们的启示是：做事之前，应该对整件事情有通盘的考虑和充分的把握。其实，真正的自信即来自于此。

八 东坡画扇情

【原文选读】

东坡官钱塘[①]日，有陈诉[②]负[③]钱二万不偿者。公呼而询之，云："吾家以制扇为业，适[④]父死，而又自今春以来，连雨天寒，所制扇不售，非故负之也。"公熟视久之，曰："姑[⑤]取汝所制扇来，吾当为汝发市[⑥]也。"须臾扇至，公取二十扇，就判笔[⑦]作行书草圣及枯木竹石，顷刻而成。即以付之曰："出外速偿所负也。"其人抱扇泣谢而出。始逾府门，人以千钱竞购一扇，所持立尽，后至而不得者，至懊恨不胜而去。遂尽偿所逋[⑧]，一郡称嗟，至有泣下者。

（选自宋何莲《春诸纪闻》）

注释：

①东坡官钱塘：苏东坡到杭州任职。

②陈诉：状告。

③负：这里是拖欠的意思。

④适：适值，恰好遇上。

⑤姑：暂且。

⑥发市：开张。

⑦就判笔：顺手拿起判笔。判笔，判案用的笔。

⑧逋（bū）：拖欠。

【文意疏通】

苏轼擅长画墨竹，且绘画重视神似，主张画外有情，画要有寄托，反对形似，反对程序的束缚，提倡“诗画本一律，天工与清新”，而且明确提出了“士人画”的概念，为以后“文人画”的发展奠定了一定的理论基础。其作品有《古木怪石图卷》《潇湘竹石图卷》等。宋代何莲在《春诸纪闻》中记载了苏轼画扇的故事。

苏东坡到钱塘就职时，有人告状说别人亏欠自己两万钱不还。苏东坡召见那个被告询问，他说：“我家凭制作扇子生存，恰巧父亲去世，并且从今年春天开始，天天连着下雨，天气又很寒冷，做好的扇子卖不出去，并不是故意欠他钱。”东坡仔细看了他很久，对他说：“暂且把你做的扇子拿过来，我来帮你开张卖扇。”没多久那人把扇子送到了，苏东坡拿过二十把空白的夹绢扇面，用办公断案的笔书写草书，画上枯木竹石，一会儿就完成了。他把扇子交给那个人说：“你快去外面卖了扇子还钱吧。”那个人抱着扇子感动地流出了眼泪，刚跨出官府的大门，就有许多人争着用一千钱来购买扇子，这人手里拿的扇子很快就卖完了。而那些听到消息后来赶到的人已买不到扇子了，无不懊悔而去。卖扇人用卖扇的钱终于还清了欠款，整个郡的人都被感动了，有的甚至到了痛哭不已的地步。

【义理揭示】

在林语堂的《苏东坡传》中有这样的描述：“苏东坡比中国其他的诗人更具有多面性天才的丰富感、变化感和幽默感，智能优异，心灵却像天真的小孩。”《东坡画扇》这则小故事不仅有助于我们了解苏东坡的书画在当时的影响，而且也使我们从中看到他为政的宽和，为人的仁厚。

九 在心不在相

【原文选读】

李龙眠画罗汉渡江，凡十有八人。一角漫灭[1]，存十五人有半，及童子三人。

凡未渡者五人：一人值[2]坏纸，仅见腰足。一人戴笠携杖，衣袂翩然，若将渡而无意者。一人凝立无望，开口自语。一人跽[3]左足，蹲右足，以手捧膝作缠结状，双屦脱置足旁，回顾微哂[4]。一人坐岸上，以手踞[5]地，伸足入水，如测浅深者。

方渡者九人：一人以手揭衣，一人左手策杖[6]，目皆下视，口呿[7]不合。一人脱衣，又手捧之而承以首[8]。一人前其杖，回首视捧衣者。两童子首发鬅鬙[9]，共舁[10]一人以渡，所舁者长眉覆颊，面怪伟如秋潭老蛟。一人仰面视长眉者。一人貌亦老苍，伛偻[11]策杖，去岸无几，若幸其将至者。一人附童子背，童子瞪目闭口，以手反负之，若重不能胜者。一人貌老过于伛偻者，右足登岸，左足在水，若起未能。而已渡者一人，捉其右臂，作势起之；老者努其喙[12]，缬纹[13]皆见。又一人已渡者，双足尚跣[14]，出其履，将纳之，而仰视石壁，以一指探鼻孔，轩渠[15]自得。

按罗汉于佛氏为得道之称，后世所传高僧，犹云锡飞杯渡[16]。而为渡江，艰辛乃尔，殊可怪也。推画者之意，岂以佛氏之作止语默[17]皆与人同，而世之学佛者徒求卓诡变幻、可喜可愕之迹，故为此图以警发[18]之欤？昔人谓太清楼[19]所藏吕真人[20]画像俨若孔、老，与他画师作轻扬[21]状者不同，当即此意。

（选自明黄淳耀《陶庵文集》）

注释：

①漫灭：磨灭看不清。

②值：遇到。

③跽（jì）：两膝跪着，上身挺直。

④哂（shěn）：微笑。

⑤踞：倚。

⑥策杖：扶着拐杖。

⑦呿（qū）：张口。

⑧承以首：顶在头上。

⑨鬅鬙（péng sēng）：头发散乱的样子。

⑩舁（yú）：抬。

⑪伛偻（yǔ lǚ）：驼背。

⑫喙（huì）：嘴。

⑬缬（xié）纹：皱纹。

⑭跣（xiǎn）：光脚。

⑮轩渠：愉快、畅适的样子。

⑯锡飞杯渡：古代关于高僧的传说。锡，锡杖，僧人所用。锡飞，跨着锡杖飞行。杯渡，乘着木杯渡河。

⑰作止语默：活动、休止、说话、沉默。

⑱警发：警示、启发。

⑲太清楼：北宋真宗藏书画处。

⑳吕真人：吕洞宾，相传为八仙之一。

㉑轻扬：超脱尘世的样子。

【文意疏通】

李龙眠就是宋代著名画家李公麟，字伯时，号龙眠居士，因善

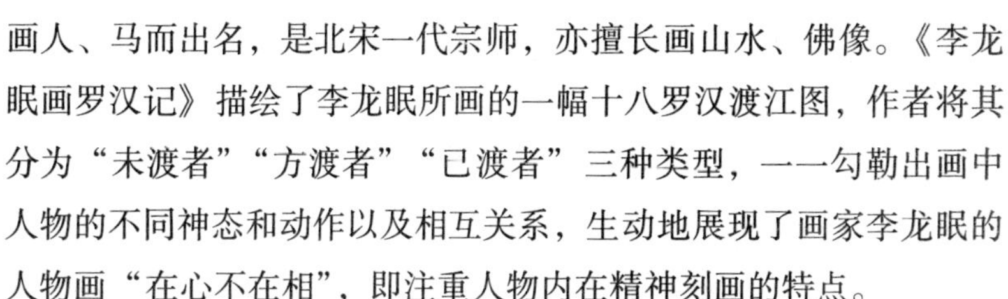

画人、马而出名，是北宋一代宗师，亦擅长画山水、佛像。《李龙眠画罗汉记》描绘了李龙眠所画的一幅十八罗汉渡江图，作者将其分为“未渡者”“方渡者”“已渡者”三种类型，一一勾勒出画中人物的不同神态和动作以及相互关系，生动地展现了画家李龙眠的人物画“在心不在相”，即注重人物内在精神刻画的特点。

李龙眠画的罗汉渡江图，共有十八人。但因画上一角已损坏模糊，仅存罗汉十五个半以及三个童子。

画中没有渡江的人有五个：一个正巧在画纸损坏处，只能看到腰和脚。一个戴着斗笠，手拿拐杖，衣袖随风飘扬，流露出好像并不想渡江的神情。一个直立在江边眺望远方，好像自言自语的样子。一个左腿跪着，右腿蹲着，两手交叉抱住膝盖，两只鞋子已脱下放在脚边，正微笑着回头看。一个坐在岸边，用手向后撑住地面，把脚伸进水里，好像在探测江水的深浅。

画中正在渡江的人有九个：一个用手提着长衣的下摆，一个左手拄着拐杖，他们两人的眼睛都向下看，嘴张得大大的，合不拢。一个脱下衣服，两手向上托着衣服，顶在头上。一个把拐杖拄在身前，正回头看两手托衣的人。两个童子头发散乱，正合力抬着一个人渡水，他们抬着的人，眉毛长长的，几乎盖住了面颊，长相很奇特，好像秋潭中的老蛟龙。一个仰着头看那个长眉老人。一个相貌也老了，驼着背拄着手杖，离对岸已不远，神情好像在庆幸自己快要抵达对岸的样子。一个靠在童子的背上，那童子的眼睛睁得大大的，嘴唇抿得紧紧的，反过手来背着他，显出很吃力负重的样子。一个相貌比驼背的人更老，右脚已踏上岸，左脚还在水中，好像上岸比较困难。一个已上岸的人，紧抓他的右手，做势用力拉他上来；老人嘟着嘴，皱纹都显现出来了。又有一个已登岸的人，还赤着双脚，拿出鞋子准备穿上，却又抬头看着石壁，用一根手指挖鼻孔，很得意地笑着。

罗汉在佛教中是对得道者的称呼，后代流传的高僧传中还有神僧跨法杖飞行、乘木杯渡水的记载。而这些罗汉渡江，竟然如此艰苦，真令人奇怪。我推测作画者的用意，难道是因为佛陀的举止言语都和一般人相同，而世上学佛的人却只想寻求奇幻而特殊、令人惊喜的事，所以画这样一幅图来告诫、提醒人们吗？以前有人说太清楼所藏的吕洞宾画像，相貌庄重如孔子、老子，和其他画家画的超脱尘世的样子不同，应当就是这个用意。

【义理揭示】

李龙眠画的罗汉与众不同，他把得佛氏之道的罗汉，描绘得如同凡人："又一人已渡者，双足尚跣，出其履，将纳之；而仰视石壁，以一指探鼻孔，轩渠自得。"其中"以一指探鼻孔"，在现在人看来，简直是有失礼仪，可在李龙眠笔下他就是佛！

原来，佛家人的动作、休息、说话、沉默都和平常人一样！如此想来，凡在你的生活中出现吊诡痕迹，也就是超出你认识范围和道德范围的时候，你就要小心谨慎，不可轻信那些舌如鼓簧的大吹大擂的人了。

十 沈周法自然

【原文选读】

沈周，字启南，长洲人。……邑人陈孟贤者，陈五经继之子也。周少从之游，得其指授。年十一，游南都，作百韵诗，上巡抚侍郎崔恭。面试《凤凰台赋》，援笔立就，恭大嗟异。及长，书无所不览。文摹左氏，诗拟白居易、苏轼、陆游，字仿黄庭坚，并为世所爱重。尤工于画，评者谓为明世第一。

郡守欲荐周贤良，周筮《易》，得《遁》之九五，遂决意隐遁。所居有水竹亭馆之胜，图书鼎彝[①]充牣[②]错列，四方名士过从无虚日，风流文彩，照映一时。奉亲至孝。父殁，或劝之仕，对曰："若不知母氏以我为命耶？奈何离膝下。"居恒厌入城市，于郭外置行窝，有事一造之。晚年，匿迹惟恐不深，先后巡抚王恕、彭礼咸礼敬之，欲留幕下，并以母老辞。

有郡守征画工绘屋壁。里人疾周者，入其姓名，遂被摄。或劝周谒贵游以免，周曰："往役，义也，谒贵游，不更辱乎！"卒供役而还。已而守入觐，铨曹[③]问曰："沈先生无恙乎？"守不知所对，漫[④]应曰："无恙。"见内阁，李东阳曰："沈先生有牍乎？"守益愕，复漫应曰："有而未至。"守出，仓皇谒侍郎吴宽，问"沈先生何人？"宽备[⑤]言其状。询左右，乃画壁生也。比还，谒周舍，再拜引咎，索饭，饭之而去。周以母故，终身不远游。母年九十九而终，周亦八十矣。又三年，以正德四年卒。

（选自清张廷玉等《明史》）

注释：

①鼎彝（yí）：古代祭器，上面多刻有表彰有功人物的文字。

②牣（rèn）：满。

③铨曹：吏部官员。

④漫：随便。

⑤备：详细。

【文意疏通】

沈周是明代杰出的书画家，字启南，号石田、白石翁等。他一生吟诗作画，优游林泉，追求精神上的自由，蔑视恶浊的政治现实，与文徵明、唐寅、仇英并称"明四家"。沈周的绘画技艺全面，在师法宋元的基础上有自己的创造，成为吴门画派的领袖人物。他的传世作品有《庐山高图》《秋林话旧图》《沧州趣图》。《明史》这样讲述沈周的故事：

沈周，字启南，是长洲县人。……同县人陈孟贤是陈五经的继子。沈周少年时跟随陈孟贤游学，得到了他的真传。沈周在十一岁那年游学到南都，做了百韵诗，呈给巡抚侍郎崔恭看。崔恭又当面测试他的能力，命沈周作《凤凰台赋》，没想到沈周提笔很快就写完了，崔恭连连赞叹称异。等到沈周长大后，他已遍览天下群书。他模仿左丘明的文风撰写文章，仿效白居易、苏轼、陆游吟诵诗歌，书法字体模仿黄庭坚，他这三方面的作品在当时就被人们钟爱。他尤其擅长绘画，工于评论的人都称他是明朝第一画师。

郡守要举荐沈周为贤良，沈周用《易经》占卜，得到《遁》的九五卦，于是拿定主意隐居。他居住的地方有水竹亭馆，风景优美，图书、鼎彝满屋，错杂排列，各地名士往来，没有一天空着。风雅文采，辉映一时。他侍奉双亲极尽孝道。父亲去世，有人劝他做官，他回答道："你不知道我母亲把我当做生命吗？我怎么能离开她。"他常常厌恶进入城市，在城外建造了一个别居，有事的时候就去住。晚年时，他唯恐隐藏得不深，先后有巡抚王恕、彭礼以礼敬他，要他留在自己的府中，沈周一概以母亲年迈为由辞谢了。

有一个郡守征召画工给他房屋的墙壁绘画。有一个憎恨沈周的乡人，把他的姓名报入画工的名单，于是沈周被郡守传唤去画壁。有好心人劝沈周去拜访一些权贵，请他们说情以免除征召，沈周说："去应征服役，本来是我的义务，现在去拜访权贵求情，岂不是再次蒙受侮辱吗？"结果沈周真的去服完役才回来。不久，郡守去朝见上司，铨曹问郡守道："沈先生身体没有病吧？"郡守一时不知道如何回答，只好随便应付道："挺好的。"郡守去拜见内阁，李东阳问郡守："沈先生有书信来吗？"郡守更加莫名吃惊，又只能敷衍回答道："可能有书信，只是还没有到。"郡守出来，急忙去拜见侍郎吴宽，问："沈先生是什么人？"吴宽向他详细地描述了沈周的情状。郡守又依据他的描述去问左右的人，才知道是那个画壁的人。等到返回郡里，郡守立即前往沈周家去拜访，叩拜两次，主动承担过失。为了拉近感情，郡守又向沈周索要饭吃，沈周就给郡守饭吃，吃完饭郡守才离开。沈周因为母亲的缘故，终身没有远游。母亲九十九岁去世，沈周那年也八十岁了。又过了三年，沈周在正德四年去世。

【义理揭示】

沈周曾有诗句"心远物皆静"，意思是说心放得远，则万物都变得沉静。他因为厌倦官场生活、钟情山林和行孝母亲，选择了隐逸，却也因此开拓了超然飘逸、自由任性的艺术世界。

十一 朱耷画晦涩

【原文选读】

八大山人[①]，号人屋。“人屋”者，“广厦万间”之意也。性孤介[②]，颖异绝伦。八岁即能诗，善书法，工篆刻，尤精绘事。尝写菡萏一枝，半开池中，横斜水面，生意勃然；张堂中如清风徐来香气常满室。又画龙，丈幅间蜿蜒升降，欲飞欲动；若使叶公见之，亦必大叫惊走也。善诙谐，喜议论，娓娓不倦，常倾倒四座。

山人既嗜酒，无他好。人爱其笔墨，多置酒招之，预设墨汁数升、纸若干幅于座右。醉后见之，则欣然泼墨广幅间。或洒以敝帚，涂以败冠，盈纸肮脏，不可以目。然后捉笔渲染，或成山林，或成丘壑，花鸟竹石，无不入妙。如爱书，则攘臂搦管[③]，狂叫大呼，洋洋洒洒，数十幅立就。醒时，欲求其片纸只字不可得。虽陈黄金百镒[④]于前，勿顾也。其颠如此。

（选自清陈鼎《八大山人传》，有删改）

注释：

①八大山人：即朱耷，江西南昌人，明末清初画家、书法家。

②介：耿直。

③攘（rǎng）臂搦（nuò）管：伸长胳膊，执笔为文。

④镒（yì）：二十两。

【文意疏通】

朱耷号“八大山人”，是明末清初的画家、中国画的一代宗师。

他的存世作品有《水木清华图》《荷花小鸟图》《六君子图》等。朱耷生长在皇亲宗室家庭，明朝灭亡时，他刚刚十九岁。朱耷心怀国破家亡之痛，时常装聋作哑，在门上大书一个“哑”字。他有时跑到市场上边歌边哭，然后大笑而走。种种狂态，不一而足。关于癫人朱耷的故事，民间有很多传说。在清代陈鼎的《八大山人传》中有这样的记录：

八大山人，号人屋。人屋就是“广厦万间”的意思。他生性孤傲，有骨气，聪明绝伦，没有人能比得上。他八岁时便能作诗，善于书法，长于篆刻，尤其精于绘画。他曾经画过一枝荷花，半开于池中，横斜着出水面，生气勃勃。把这张画张挂在厅堂中，好像有清风徐徐吹过来，香气充满了整间屋子。他还曾画过龙，龙在一丈长的画幅中蜿蜒升降，好像要飞动一般。如果叶公见到了，也一定会大叫着惊慌逃跑的。朱耷言语诙谐，他也喜欢发表议论，并且总是娓娓道来，不知疲倦，使在座的人叹服不已。

八大山人嗜好喝酒，除此之外并没有其他的爱好。时人喜欢他的画，大多数都会置办美酒来招待他，同时预先准备几升墨汁、若干纸张放在座位右边。山人酒醉后见到了，便高兴地在宽大的画纸上泼墨，有时候用破笤帚洒，用坏帽子涂，弄得满纸肮脏，不堪入目。这以后他提笔渲染，原来涂抹的地方有的成了山林，有的成了丘壑，有的成了花鸟竹石，无处不精妙。如果他起了写字的兴致，那就撸起袖子，伸长胳膊，撮起裤管，狂叫大呼着，数十幅字很快就完成了。一旦他酒醒了，即使向他索要片纸只字都不能得到，即便将百镒黄金陈放在他的面前，他也不屑一顾。他真的癫狂到这样的地步。

【义理揭示】

八大山人的一生由皇族到平民，由澎湃到平和，由疯癫到冷静，出僧入俗，时跨明清两朝，目睹过家国之变与太平盛世，际遇之奇，令人感慨。作为一个独立的人，八大山人的“癫”是孤傲耿直、聪明绝伦、恃才放旷、狂放不羁的表现；作为艺术家，八大山人的“怪”，表面上看似离经叛道，从本质上来说，却是对自我和对艺术传统的突破，正是这样的突破创新，才使他的绘画艺术走向新境界。

十二 郑板桥画竹

【原文选读】

余家有茅屋二间。南面种竹。夏日新篁[①]初放，绿阴照人[②]。置一小榻其中，甚凉适也。秋冬之季，取围屏骨子断去两头，横安以为窗棂[③]，用匀薄洁白之纸糊之。风和日暖，冻蝇[④]触窗纸上，冬冬作小鼓声。于时[⑤]一片竹影凌乱。岂非天然图画乎？凡吾画竹，无所师承[⑥]，多得于纸窗、粉壁、日光、月影中耳。

江馆清秋，晨起看竹，烟光、日影、雾气，皆浮动于疏枝密叶之间。胸中勃勃[⑦]，遂有画意。其实，胸中之竹，并不是眼中之竹也。因而磨墨、展纸、落笔、倏[⑧]作变相[⑨]，手中之竹，又不是胸中之竹也。总之，意在笔先者，定则也。趣在法外者，化机[⑩]也。独画云乎哉！

文与可画竹，胸有成竹；郑板桥画竹，胸无成竹。浓淡疏密，短长肥瘦，随手写去，自尔成局，其神理具足也。藐兹后学，何敢

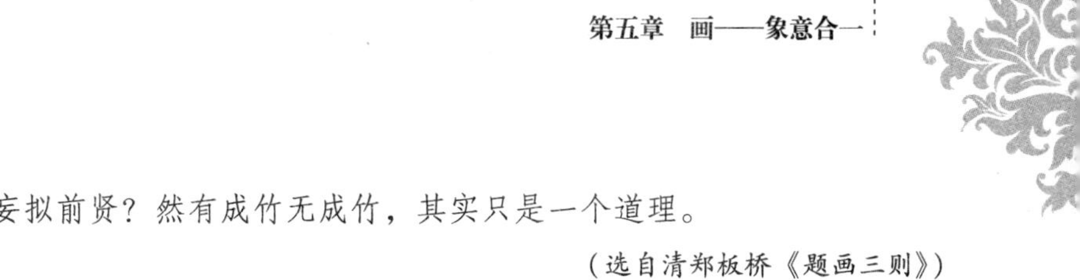

妄拟前贤？然有成竹无成竹，其实只是一个道理。

（选自清郑板桥《题画三则》）

注释：

①新篁（huáng）：刚刚长出来的新竹。

②绿阴照人：绿色的竹影照在人身上。

③窗棂：窗上雕花的窗格。

④冻蝇：秋冬受冻的苍蝇。

⑤于时：那是，当时。

⑥师承：受过老师指教，有相承的师法。

⑦勃勃：旺盛貌，这里意为感情冲动，画意突发。

⑧倏：忽然，迅速地。

⑨变相：样子改变。

⑩化机：精妙的灵感。

【文意疏通】

郑板桥是清代画家、文学家，“扬州八怪”之一。他是康熙秀才、雍正举人、乾隆元年进士，一生以卖画为生。其诗、书、画、印被称为“四绝”。其画笔趣横生，尤善兰、竹、石、松、菊等植物。六十六岁时，其墨竹艺术已达炉火纯青的地步，是清代比较有代表性的文人画家。这里所选的郑板桥三则画题，都是他种竹、养兰、写竹、画兰的心得，值得人们细细品味。

我家有茅草房两间，南面都种着竹子。到了夏天，新竹的枝叶刚刚伸展开来，绿色的竹影映照在人身上，这时候在竹林中放一张床，就会感觉十分凉爽舒适。到了秋冬交替的时节，把家里屏风的架子拿出来，去掉两头，横着安放就成为窗格，然后用均匀洁白的薄纸把它糊起来。待到风和日暖，冻得半僵的苍蝇又飞动起来，撞到窗纸上，咚咚咚地发出敲击小鼓般的声音。这时，窗纸上又会出现一片零乱的竹影，这难道不是一派天然的图画吗？我所画的竹子，都没有老师的传承，多数是得之于纸窗、粉壁、日光、月影啊。

在江边的私塾教书，每逢清秋时节，我常常早晨起来观察竹子。这时，云烟、日影、露气都在疏枝密叶之间飘浮流动。于是，我的胸中情致勃动，就有了作画的冲动。其实，这时在脑海里映现的竹子，已经不是眼睛所看到的竹子了，于是我赶快取砚磨墨，展开画纸，乘兴落笔，尽情挥毫，很快就画成一幅幅图画。而这时，我笔下所画出来的竹子又不是先前脑海里映现的竹子了。总之，意念产生在落笔之前，这是不用怀疑的法则；但绘画的情趣流溢在法则之外，全凭个人精妙的灵感闪现。难道仅仅作画是这样吗？

当年，宋朝的文与可画竹，心里先已有现成的竹子；郑板桥画竹，心里却没有现成的竹子。竹子的浓淡、疏密，短长、肥瘦，随手画去，自然形成格局，其中的神韵和文理都很充分。再看这些后来学画的晚辈，怎敢盲目地模仿前人呢？但是心里有现成的竹子和没有现成的竹子其实是一个道理。郑板桥画竹虽"胸无成竹"，但有多年的生活积累，信手拈来，亦成章法，与"胸有成竹"是一个道理。

【义理揭示】

自然之竹、眼中之竹、胸中之竹、手中之竹，构成了绘画的完整过程。想要画好竹，先要仔细观察，然后潜心揣摩，最后才有千姿百态的竹子落在纸上。意在笔先，说的是构思；趣在法外，说的是艺术效果。对现实的观察体验是创作的前提，闭门造车，向壁虚构，是画不出好作品的。这个道理好明白，而如何才能得到胸中之竹？我胸中之竹，自与他人不同，这不太好理解。而手中之竹涉及艺术技巧，非千锤百炼不能熟能生巧。作画如此，为文亦如此。

中国绘画在世界文化史上占据着重要的一席之地。那么，究竟什么是中国画？它的艺术特点是什么？让我们走近它，了解它。

中国画一般被称为丹青，主要指的是画在绢、宣纸、帛上并加以装裱的绘画作品，简称“国画”。主要工具和材料有毛笔、墨、国画颜料、宣纸、绢等。

中国绘画按其使用材料和表现方法，可分为工笔画、写意画等；按其题材有人物画、山水画、花鸟画等。工笔画在表现上工整细致，细节刻画详细，染色时层层渲染；写意画注重神似，笔简意赅，讲究书法用笔，注重用墨，以墨代色。

中国绘画历史悠久，早在远古时期就出现了原始岩画和彩陶画，战国时期出现了画在丝织品上的绘画——帛画。两汉和魏晋南北朝时期，形成了以宗教绘画为主的局面，山水画、花鸟画亦在此时萌芽。隋唐时期绘画呈现出山水画、花鸟画、人物画全面繁荣的局面。五代两宋时期文人画出现。元、明、清三代水墨山水和写意花鸟得到了突出发展，文人画成为中国画的主流。

中国画有着自己明显的特征。传统的国画不讲焦点透视，不强调自然界对于物体的光色变化，不拘泥于物体外表的相似，而多强调抒发作者的主观情趣。国画讲求“以形写神”，追求一种“妙在似与不似之间”的感觉。

中国画在观察认识、形象塑造和表现手法上，体现传统的哲学观和审美观。在对客观事物的观察认识中，采取以大观小、小中见大的方法，并在活动中去观察和认识客观事物，甚至可以直接参与到事物中去，而不是作局外观，或局限在某个固定点上。

在造型方式上，中国画强调线条，强调装饰味道。中国画家力主“书画相通”，讲究“以书入画”，注重线条的粗细、刚柔、断续、轻重等变化。

在色彩运用上，中国画主张随类赋彩，不要求物象绝对真实，也不注意物象的变化，有意加大了色彩与客观现实的距离。有时以墨代色，出现了只用水墨的“水墨画”。

在构图安排上，中国艺术要求“造境”，主张“意主形从”，天人合一，物我两化，物我两忘，神与物游，物为我用。可以用尺幅之纸表现万里江河，也可以画万仞高山，可以画全景，也可以画边角小景，可以画全树，也可画折枝，随意取舍，极其自由。中国画讲究艺术的空间，讲究“无画处皆成图画”。

这就是中国画，她从遥远的古代向我们走来，依然散发着青春的朝气和活力……

回溯中国画的发展史，我们会发现中国画作品存世量之大、题材之丰富、创作手法之多样，是世界上少有的。中国画是中华民族

光辉灿烂的古代文化艺术中的瑰宝，也是世界文化艺术中的奇葩。

吴昌硕是晚清民国时期的著名国画家，是我国近现代书画艺术发展过渡时期的关键人物。吴昌硕的画以泼墨花卉和蔬果为主要题材，兼顾人物、山水。吴昌硕画得最多的是梅花。吴昌硕画梅也有自己的独到之处。他喜欢表现老梅，而且将老梅的铮铮铁骨与清香欲放的花朵形成鲜明对比，产生强烈的视觉效果，有一种唤春归来、挣破寒冬牢笼的感觉。无论是《梅石图》《梅花图》，还是《梅兰》《红梅》等，无不如是。吴昌硕画梅少有全树，也非千枝万蕊，他总是把环境和气氛省略到不能再添置一笔，如同特写镜头，既细致又逼真，得梅花之真性灵。“学我，不能全像我。化我者生，破我者进，似我者死”，这是吴昌硕教导弟子的一句话，仔细想来，道出了艺术创作中继承与发展的关系。

齐白石是近现代中国绘画大师，世界文化名人。他擅画花鸟、虫鱼、山水、人物，形成了独特的大写意国画风格，尤以瓜果、菜蔬、花鸟、虫鱼为工绝，兼及人物、山水，名重一时，与吴昌硕共享“南吴北齐”之誉。齐白石画虾堪称画坛一绝，来自生活，却超越生活。通过养虾、观察、写生，他几十年如一日，力求深入表现虾的形神特征，终于把虾画得活灵活现。当代西方最有创造性、影响最深远的艺术家之一毕加索曾经评价：“齐白石真是中国了不起的一位画家！中国画师多神奇呀！齐白石用水墨画的鱼儿没有上色，却使人看到长河与游鱼。”

在我国近现代绘画史上，有“南黄北齐”之说。“北齐”指的是居住在北京的花鸟画巨匠齐白石，“南黄”说的就是浙江的山水画大师黄宾虹。黄宾虹早年画作以干笔淡墨、疏淡清逸为特色，为“白宾虹”；晚年作品以黑密厚重、黑里透亮为特色，为“黑宾虹”。黄宾虹认为画在意不在貌，主张追求“内美”，认为国画的最高境界就是“有笔墨”。黄宾虹知名画作有《富春江图轴》《峨眉龙门峡》《松雪诗意图》《花卉四屏条》等。几十年来，黄宾虹的绘画一直受到美术界人士的广泛关注，并逐渐释放出巨大的能量，影响着当今的中国画坛。

画“马”名家徐悲鸿是中国著名国画家、油画家，中国国画改革的先驱者，被誉为“现代中国绘画之父”。他擅长素描、油画、中国画。他把西方的艺术手法融入到中国画中，创造了新颖而独特的风格。他的素描和油画则渗入了中国画的笔墨韵味。他的创作题材广泛，山水、花鸟、走兽、人物、历史、神话无不落笔有神。代表作有油画《田横五百士》《徯我后》，中国画《九方皋》《愚公移山》等。徐悲鸿是画马大家，既有传统画马的功底，又吸收了西方绘画的长处。徐悲鸿的马，无论奔马、立马、走马、饮马、群马，都被赋予了充沛的生命力。在徐悲鸿的笔下，一匹匹奔马奋鬃扬蹄，在广袤的土地上飞奔，骏马英姿，神态各异。有的腾空起飞，有的蹄下生烟，有的回首顾盼，有的一往无前，仿佛都要破纸而出。都说画马难画骨，徐悲鸿不仅画出了马骨，更画出了马神，不愧为一代画坛革新宗师，惠益后人，令人敬仰。

蓄着一把大胡子的张大千是二十世纪中国画坛最具传奇色彩的大师，张大千的书、画与齐白石齐名，二人被并称为“南张北齐”。张大千是全能型画家，于中国画人物、山水、花鸟、鱼虫、走兽，工笔等，无所不能，无一不精。张大千的画风先后数度改变，却始终保持着中国画的传统特色。代表作品有《爱痕湖》《长江万里图》《四屏大荷花》等。在二十世纪的中国画家中，张大千无疑是其中的佼佼者。艺术大师徐悲鸿说：“张大千，五百年来第一人。”

吴昌硕、齐白石、黄宾虹、徐悲鸿、张大千……一代又一代，一批又一批——他们不断地从传统文化的传递中发掘现代意识的因素，使得本民族得天独厚的艺术传统历久弥新。

1．读了“画——象意合一”这一章节的十二个故事，你印象最深刻的一位中国古代画家是谁呢？你愿意用怎样的形式向你的同学、好友介绍他呢？画一幅画、写一首歌、作一篇文章，还是表演一个故事？没有什么不可以，试一试吧！

2．有人说，天才和疯子仅仅是一墙之隔，你觉得这一说法有道理吗？请联系宗炳、李龙眠、朱耷或其他人物的故事，阐释你的见解。

3．众所周知，中国画强调“意味”，然而，在今天有一个不可回避的事实却是：作为中国传统民族艺术形式的中国画已经全面受到西方绘画观念和形式的影响，结果便是“意味”不断减少，而“视觉”不断增强。你认为应该如何看待这一问题呢？

第六章　茶——养生论道

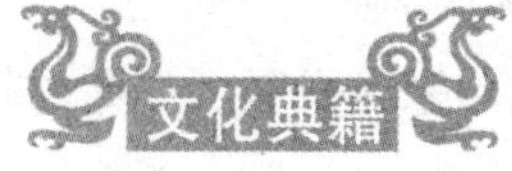

一 茶之起源传说

【原文选读】

（神农）磨蜃[①]鞭茇[②]，察色，尝草木而正名[③]之。审[④]其平毒，旌其燥害，察其畏恶，辨其臣使，厘[⑤]而三[⑥]之，以养其性命而治病。一日间而七十毒，极含气[⑦]也。

（选自宋罗泌《路史》）

神农尝百草，日遇七十二毒，得茶而解之。

（选自汉《神农百草经》）

注释：

①蜃（shèn）：蛤蜊。

②茇（bá）：草根。

③正名：让事物的名和本来面目匹配，达到名实相符。

④审：与后面的“旌”“察”“辨”都有识别、辨别之意。

⑤厘：整理。

⑥三：虚指，多次、反复的意思。

⑦含气：指含藏元气、含有气息，此处指生命力强。

【文意疏通】

传说在远古时代，人们吃的食物都是生的，因此经常生病，有时候还会中毒丧命，于是神农决心尝遍所有的植物，为人民服务，下面的文字讲述的正是这种情形。

神农打磨蛤蜊，鞭打草根，观察它们的颜色，品尝草木的滋味，给他们确定对应的名称。弄清楚草药的药性是平和的还是有毒的，识别草药是热性的还是寒性的，察明哪些是相互犯忌而不可搭配的草药，区分和处理好主用草药和辅助草药的搭配。从中反复整理调整出有用的药方，用来滋养生命、治疗疾病。据说神农能够在一天之内品尝七十种有毒的草木，可见他的生命力是多么顽强！

神农品尝百草，一天之内就遇到七十二种毒，得茶而解毒。

【义理揭示】

神农尝百草的传说由来已久，可以说是家喻户晓。而茶最早作为药用也是不容置疑的，从这个意义上讲，神农在采集草药的实践中发现茶叶的传说是合理的。只是这种过程中充满的危险让令人感佩。人们至今纪念神农，证明了他舍身为民的生命意义。

二 秦精深山采茗

【原文选读】

晋孝武世，宣城人秦精，常入武昌山中采茗。忽遇一人，身长丈馀，遍体皆毛，从山北来。精见之，大怖[①]，自谓必死。毛人径牵其臂，将至山曲[②]，入大丛茗处，放之便去。精因采茗。须臾复来。乃探怀中二十枚橘与精，甘美异常。精甚怪[③]，负茗而归。

（选自晋陶潜《搜神后记》）

注释：

①大怖：特别恐怖、害怕。

②山曲：指大山深处。

③甚怪：对此感到十分奇怪。

【文意疏通】

野人指引采茗，让茶叶的发现过程充满了传奇色彩……

晋武帝时期，宣城人秦精常常深入一座名叫武昌山的大山采茶。有一天，他突然遇到一个人，从山的北面而来，只见那人身长一丈有余，遍体是毛。秦精很害怕，暗自琢磨，估计自己这回必死无疑了。没想到，那人径直向秦精走来，牵着他的手臂就往大山深处走，等到了一大片茶树林后，就撒手放开了他，自己独自离开了，没有伤害他。于是，秦精开始采茶。过了一小会儿，那人又回来了，而且还从怀里掏出二十枚大橘子给秦精，味道非常甜美。秦精对此感到十分奇怪，就背着橘子和采来的茶叶回家了。

【义理揭示】

此文道出了茶道的境界：凡是物品，都以天然为最好，因为只有得到了自然之灵气和天地之精华的东西才是最好的，而饮茶在一定程度上也正是要追求一种清淡的自然之韵。

三　茶之诸多功用

【原文选读】

茶之为物，可以助诗兴而云山顿色，可以伏睡魔而天地忘形，可以倍清谈而万象惊寒，茶之功大矣！其名有五：曰茶、曰槚[①]、曰蔎[②]、曰茗、曰荈[③]。一云早取为茶，晚取为茗。食之能利大肠，去积热，化痰下气，醒睡，解酒，消食，除烦去腻，助兴爽神。得春阳之首，占万木之魁。始于晋，兴于宋。惟陆羽得品茶之妙，著《茶经》三篇。蔡襄著《茶录》二篇。

（选自明朱权《茶谱》）

注释：

①槚（jiǎ）：茶树的古称。

②蔎（shè）：茶的别称。

③荈（chuǎn）：茶的老叶，粗茶。

【文意疏通】

这是古人完整地梳理茶之功用的文字。

茶，可以助人兴致写诗，可以让浮云变幻的山河为之变色；

茶，可以降服人的疲劳睡意，令人忘形于天地之间；茶，可以增加人的谈兴，话题能触及大千世界的一切。茶的功用实在非常大。茶有五种名称：分别是茶、槚、蔎、茗、荈。有一种说法，早晨采摘的叫茶，晚上采摘的叫茗。食用茶叶，能有利于大肠通便舒畅，祛除体内累积的热火，化解肺部的淤痰，使身体内的气息通畅，让人不瞌睡，缓解酒劲，消解肠胃积食，除烦去腻，恢复人的精气神儿。在各种草木中，茶最先沐浴春阳。饮茶的风气始于晋代，兴盛于宋代。只有陆羽真正明白了品茶的妙处，他撰写了《茶经》三篇。后来蔡襄撰写了《茶录》二篇。

【义理揭示】

茶之助兴写诗、茶之降伏睡魔、茶之增加谈兴……这些都证明了明朝时期的人们已经开始理性地思考饮茶的价值了。这对提升饮茶的境界具有重要的意义。

四 督将患斛二瘕

【原文选读】

桓宣武①时，有一督将，畋②时行病后虚热，更③能饮复茗，必一斛二斗乃饱。才④减升合，便以为不足。非复一日。家贫。后有客造⑤之，正遇其饮复茗，亦先闻世有此病，仍令更⑥进五升，乃大吐，有一物出，如升大，有口，形质缩绉，状如牛肚。客乃令置之于盆中，以一斛二斗复茗浇之。此物歙⑦之都尽，而止觉小胀。又加五升，便悉混然从口中涌出。既吐此物，其病遂差⑧。或问之：

“此何病？”答云：“此病名斛二瘕[9]。”

（选自晋陶潜《搜神后记》）

注释：

①桓宣武：指的是东晋大臣桓温。宣武是谥号。

②畋（tián）：打猎。

③更：愈加。文中有非常之意。

④才：仅仅，只。

⑤造：拜访。

⑥更：增加。

⑦歙（xī）：收敛，吸进。

⑧差：大致还可以，意思是病基本好了。

⑨瘕（jiǎ）：腹中生长的寄生虫。

【文意疏通】

下面这个故事非常传奇，令人惊讶，但是，也从另外一个角度说明，在东晋时期，人们已经开始饮茶了。

东晋大将军桓温当政的时候，有一名督将，在一次打猎过后，不明原因地生了病，身体虚热，反而更能喝茶，每次喝都要一斛二斗才够，稍微减少一点都觉得不够。这样的情况并不是只有一天，导致家里日益贫困。后来，有一个客人去拜访他，当时他正在喝茶，这位客人早先曾听说过这种病，便劝他多喝五升。喝完过后，这位督将大吐不止，并且将一个有升那么大的东西吐了出来。这个东西长着嘴，外皮像绉纱一样，样子像牛肚。客人吩咐把这个东西放到盆子里，用一斛二斗的茶水去浇它，茶水全部被它吸进，看上去只觉得它微微胀满了，接着再加上五升，茶水便从它的口中喷涌出来，正是这种喷涌的力量，把它从督将的肚子里推了出来。自从这个东西从督将的嘴里被吐出来以后，督将的病就好了。关于他所得的病，客人说："这个病名叫斛二瘕。"

【义理揭示】

这个故事的传奇之处在于腹中寄生之物竟然如此嗜好茶水，或在暗示"复茗"其实是所有生命滋养之需。

五 茗不与酪作奴

【原文选读】

肃①初入国，不食羊肉及酪浆等物，常饭②鲫鱼羹，渴饮茗汁。京师士子③见肃一饮一斗，号为漏。经数年已后，肃与高祖殿会，食羊肉酪粥甚多。高祖④怪之，谓肃曰："卿中国之味也，羊肉何如鱼羹，茗饮何如酪浆？"肃对曰："羊者是陆产之最，鱼者乃水族之长，所好不同，并各称珍。以味言之，是有优劣，羊比齐鲁大邦，鱼比邾莒小国，惟茗不中⑤与酪作奴。"

（选自北魏杨衒之《洛阳伽蓝记》）

注释：

①肃：即王肃，字恭懿。曾在南朝齐任秘书丞，因父亲被齐国所杀，便从建康（今江苏南京）投奔北魏。

②饭：这里是吃的意思。

③京师士子：京城里面的士大夫官僚阶层。

④高祖：即北魏孝文帝拓跋宏。

⑤不中：不适合，不恰当。

【文意疏通】

从下面这段史料记述来看，当时北朝地区的人们还不兴饮茶，而在南朝地区，饮茶已经成为生活习惯了。

王肃刚逃到魏国的时候，不吃羊肉和奶酪等食品。经常吃鲫鱼羹，渴了就喝茶水。京城里的官员看到王肃一次饮一斗茶水，就给他取外号叫“漏”。几年以后，王肃和北魏高祖在宫殿里会面，吃饭的时候吃了很多羊肉和酪浆。高祖感到很奇怪，对王肃说：“你习惯于中原地区的口味，羊肉怎么能够比得上鱼汤？茶水怎么能够比得上酪浆？”王肃回答：“羊肉是陆地上出产的最好的食物，鱼肉是水里面出产的最好的食物。只不过它们的味道不同，其实可以并列称为珍肴。从味道上讲，它们各有优劣，羊好比是齐鲁这样的大国，而鱼肉好比是邾莒这样的小国，只有茶是不能给酪浆当奴隶的。”

【义理揭示】

王肃在南朝时，喜欢饮茶，到了北魏后，虽然开始吃羊肉、奶酪之类的北方食品，但没有改变饮茶的嗜好，并且对茶的评价依然很高。这个故事从另一个方面肯定了茶的饮用价值。

六 卢仝七碗茶歌

【原文选读】

日高丈五睡正浓，军将[1]打门[2]惊周公。
口云谏议送书信，白绢斜封三道印。
开缄[3]宛见谏议面，手阅[4]月团三百片。
闻道新年入山里，蛰虫惊动春风起。
天子须尝阳羡茶[5]，百草不敢先开花。
仁风[6]暗结珠蓓蕾，先春抽出黄金芽。
摘鲜焙芳旋封裹，至精至好且不奢。
至尊之余合王公，何事便到山人家[7]？
柴门反关无俗客，纱帽笼头自煎吃。
碧云引风吹不断，白花浮光凝碗面。
一碗喉吻润，二碗破孤闷。
三碗搜枯肠，惟有文字五千卷。
四碗发轻汗，平生不平事，尽向毛孔散。
五碗肌骨清，六碗通仙灵。
七碗吃不得也，唯觉两腋习习清风生。
蓬莱山[8]，在何处？玉川子，乘此清风欲归去。
山上群仙司[9]下土，地位清高隔风雨。
安得知百万亿苍生命，堕在巅崖受辛苦。
便为谏议问苍生[10]，到头还得苏息否。

（选自唐卢仝《走笔谢孟谏议寄新茶》）

注释：

①军将：低级军官。

②打门：叩门。

③缄（jiān）：书函，信件。

④手阅：亲手收检。

⑤阳羡茶：产于江苏宜兴，唐朝贡茶之一。宜兴古时称阳羡。

⑥仁风：温和的风，即春风。

⑦山人家：隐居之人，诗人自称。

⑧蓬莱山：传说中的三神山之一，在海中，为神仙居住之地。

⑨司：掌管。

⑩苍生：百姓，民众。

【文意疏通】

卢仝（tóng）是唐代诗人，号玉川子。他一生爱茶成癖，被后人尊为茶中亚圣。《七碗茶歌》是《走笔谢孟谏议寄新茶》中最精彩的部分，写出了品饮新茶给人的美妙享受。

天已大亮，诗人却睡意正浓。忽然一阵急促的敲门声把他从睡梦中惊醒。打门的军官大声喊道有谏议大夫的书信和茶叶送到。这便是诗的开场白。在诗的开始，诗人检视白绢密封并加三道印泥的新茶，在珍爱喜欢之际想到了新茶采摘与焙制的辛苦。接着，诗人以精妙的笔墨描写自己饮茶的感受——第一碗喉吻润；第二碗解闷；第三碗便能让人扬扬洒洒，神思敏捷；喝到第四碗时，平生不平的事都能被抛到九霄云外，表达了茶人超凡脱俗的广阔胸怀；第五碗肌骨清；第六碗通仙灵；喝到第七碗时，已两腋生风，欲乘清风归去，到人间仙境蓬莱山去。一杯清茶，可以让诗人润喉、除烦、泼墨挥毫，并生出羽化成仙的意境。

诗人写出了茶之美妙。茶对他来说，创造了一片广阔的精神世界，他将喝茶提升到了一种非凡的境界——专心喝茶竟可以不记世俗，抛却名利，羽化登仙。卢仝的这首《七碗茶歌》在日本广为传颂，并演变为“喉吻润、破孤闷、搜枯肠、发轻汗、肌骨清、通仙灵、清风生”的日本茶道。

【义理揭示】

卢仝的《七碗茶歌》将他饮茶的生理与心理感受抒发得淋漓尽致。诗里的许多名句值得玩味，描写饮七碗茶的不同感觉，步步深入，极为生动传神。诗的最后又抒发了悲天悯人的襟怀：顾念天下苍生的劳苦与艰辛。这首诗传唱至今，堪称历代咏茶诗中的经典之作。

七 易安[1]饮茶助学

【原文选读】

（明诚）后连守[2]两郡，竭其俸入以事铅椠[3]。每获一书，即同共勘校，整集签题。得书画彝鼎[4]，亦摩玩[5]舒卷，指摘[6]疵病，夜尽一烛为率。故能纸札精致，字画完整，冠[7]诸收书家。余性偏强记，每饭罢，坐归来堂烹茶，指堆积书史，言某事在某书某卷第几页第几行，以中否角[8]胜负，为饮茶先后。中即举杯大笑，至茶倾覆怀中，反不得饮而起。甘心老是乡矣！

（选自宋李清照《金石录》后序）

注释：

①易安：李清照自号易安居士。本文选自李清照晚年整理校勘丈夫赵明诚遗作《金石录》作的后序。

②守：担任太守。

③椠（qiàn）：古代用木削成以备书写的版本，铅椠在这里指刻本书籍。

④彝鼎：泛指古代祭祀用的鼎、尊等礼器。

⑤摩玩：摩挲把玩。

⑥指摘：指出错误。

⑦冠：超过。

⑧角（jué）：比赛，竞争。

【文意疏通】

李清照出身于书香门第，早期生活优裕。其父李格非藏书非常丰富，她小时候在良好的家庭环境中打下了坚实的文学基础。李清照出嫁后与夫赵明诚共同致力于书画金石的搜集整理工作，夫妻恩爱有加，享受了一段幸福的婚姻时光。后北宋遭遇“靖康之变”，金兵占据中原。李清照随丈夫南下逃亡，赵明诚在途中病死，李清照则独自流亡南宋，晚年境遇孤苦。她在重新整理丈夫的《金石录》时，怀念着昔日的美好时光，动情地在此书的后序中记下了当年的生活情景……

明诚后来接连做了莱州和淄州的太守，把他的全部薪俸拿出来，从事刻板书籍的整理工作。每得一本，我们就一起校勘，整理成集，题上书名。得到书画和彝、鼎等古代礼器，也摩挲把玩或摊开来欣赏，指出上面的毛病。每晚品评，以烧完一支蜡烛为标准。因此所收藏的古籍，都能做到纸札精致，字画完整，超过许多收藏家。我天性博闻强记，每次吃完饭，和明诚坐在归来堂上烹茶，指着堆积的史书，说某一典故出自某书某卷第几页第几行，以猜中与否决出胜负，作为饮茶的先后。猜中了，便举杯大笑，以至把茶倒在怀中，起来时反而饮不到一口。真甘心这样过一辈子！

【义理揭示】

这是李清照夫妻当年共同整理书画金石的一个动人场面。共同的爱好让两颗心紧紧相连，而饮茶竞猜的游戏又给他们的生活增添了无限的浪漫情调，这一切的确令人怀念，令人感喟！

八 留仙[1]设茶留客

【原文选读】

蒲留仙先生《聊斋志异》，用笔精简，寓意处全无迹相，盖脱胎于诸子，非仅抗[2]于左史、龙门[3]也。相传先生居乡里，落拓无偶[4]，性尤怪僻，为村中童子师，食贫自给，不求于人。作此书时，每临晨携一大磁[5]罂[6]，中贮苦茗，具淡巴菰[7]一包，置行人大道旁，下陈芦衬[8]，坐于上，烟茗置身畔。见行道者过，必强[9]执与语，搜奇说异，随人所知；渴则饮以茗，或奉以烟，必令畅谈乃已。偶闻一事，归而粉饰之。如是二十余寒暑，此书方告蒇[10]。故笔法超绝。

（选自清末民初邹弢《三借庐笔谈》）

注释：

①留仙：蒲松龄，世称聊斋先生，自称异史氏。清朝著名小说家，著有文言文短篇小说集《聊斋志异》。

②抗：匹敌，此处作媲美。

③左史、龙门：指左丘明和司马迁。左丘明著《左传》，司马迁出生于龙门。

④落拓无偶：因不附和世俗之见，显得很孤傲。

⑤磁：通“瓷”。

⑥罂（yīng）：大腹小口的瓶或罐子。

⑦淡巴菰（gū）：烟草的旧音译名。

⑧衬：铺垫。

⑨强（qiǎng）：竭力。

⑩蒇（chǎn）：完成。

【文意疏通】

蒲松龄创作的《聊斋志异》是我国古代短篇小说的奇葩。鲁迅先生在《中国小说史略》中说《聊斋志异》是“专集之最有名者”。郭沫若先生为蒲氏故居题联，赞蒲氏著作“写鬼写妖高人一等，刺贪刺虐入骨三分”。老舍也曾评价过蒲氏“鬼狐有性格，笑骂成文章”。本文写的是《聊斋志异》素材的来源方式。

蒲松龄先生的《聊斋志异》，用笔精确简约，文中富含寓意的地方完全不着一点痕迹，他的笔法脱胎于诸子百家的文章，不只是可以与左丘明、司马迁的文章相媲美。传说蒲松龄先生住在乡下，因不从世俗而境遇落魄，没有朋友，性格特别怪僻，做村中孩子的私塾老师，家中贫苦的生活完全靠自给自足，不求于人。蒲松龄在创作这本书时，每天清晨就拿一个大瓷瓶子，里面装着苦茶，而且还带一包烟草，放到行人路过的大道旁，下面用芦席垫着，他自己坐在上面，烟和茶放到身边。见行人经过，就竭力拉着他和自己说话，搜罗奇妙的故事，讲一些奇异的事情。随便经过的人们知道什么都可以；路人渴了，蒲松龄就恭恭敬敬地请人喝茶，或恭敬地奉上烟草，一定要使路人尽兴畅谈才停止。每听说一个故事，蒲松龄回去就用文笔记录下来。就这样经过二十多年，这本书才完成。所以他的笔法非常绝妙。

【义理揭示】

从各种资料看，蒲松龄写作文言小说的素材不完全来自于乡野途说，他还从很多古书上搜集了不少素材加以改编。不过，这个故事告诉我们——蒲松龄的成功在于贴近百姓生活，他用离奇的故事表达出来自民间的声音。路边的苦茶，换来了行人的真诚，也造就了蒲松龄的成功。

九 子艺得茶原味

【原文选读】

田子艺，夙厌尘嚣，历览名胜。窃慕司马子长[①]之为人，穷搜遐[②]讨。固尝饮泉觉爽，啜茶忘喧，谓非膏粱纨绮[③]可语。爰[④]著《煮泉小品》，与漱流枕石者商焉。考据该恰[⑤]，评品允当，寔[⑥]泉茗之信史也。命予叙之，刻烛以俟。予惟赞皇公[⑦]之鉴水，竟陵子[⑧]之品茶，耽以成癖，罕有俪[⑨]者。洎[⑩]丁公[⑪]言《茶图》，颛[⑫]论采造而未备；蔡君谟[⑬]《茶录》，详于烹试而弗精；刘伯刍、李季卿[14]论水之宜茶者，则又互有同异；与陆鸿渐相背弛，甚可疑笑。近云间徐伯臣[15]氏作《水品》，茶复略矣。粤若子艺所品，盖兼昔人之所长，得川原[16]之隽味。其器宏以深，其思冲[17]以淡，其才清以越，具可想也。殆与泉茗相浑化者矣，不足以洗尘嚣而谢膏绮乎？重违嘉恳，勉缀首简。嘉靖甲寅冬十月既望[18]仁和赵观撰。

（选自明田艺蘅《煮泉小品》）

注释：

①司马子长：司马迁，字子长。中国古代伟大的史学家。

②遐：远。

③膏粱：肥肉和细粮，借指贵胄人家子弟；纨绮（wán qǐ）：精美的丝织品，后引申为纨绔子弟。

④爰（yuán）：于是。

⑤该恰：完备周详。

⑥寔（shí）：通“实”，确实，实在。

⑦赞皇公：唐代良相李德裕，字文饶，赞皇人。

⑧竟陵子：陆羽，竟陵人，自号竟陵子。下文“鸿渐”亦指陆羽。

⑨俪：相称，并列。

⑩洎（jì）：到，及。

⑪丁公：北宋大臣丁谓。

⑫颛（zhuān）：通“专”，专门。

⑬蔡君谟：北宋蔡襄，字君谟。

⑭刘伯刍、李季卿：都是唐代人，先后担任过湖州刺史，是当时的品泉专家。

⑮徐伯臣：徐献忠，字伯臣。著《水品》一书，田艺蘅曾为此书作序。

⑯川原：江河之源，文中特指江河。

⑰冲：深远，淡泊。

⑱既望：农历每月十六。

【文意疏通】

田艺蘅是明代文学家，字子艺，为人高旷磊落、好酒任侠，著有《煮酒小品》《老子指玄》及《田子艺集》等。此文是赵观应邀为田艺蘅的《煮泉小品》写的序，比较客观地历数了古往今来诸多文人说茶品水的得失，进而肯定田艺蘅的独到见解。

田子艺向来厌恶尘世的喧嚣，一生游遍了天下名胜。他仰慕司马迁的为人，像司马迁那样对事物加以广泛而深入的研究。他品尝泉水之时，享受那神清气爽的感觉；喝茶的时候，就忘却了尘世的喧嚣，这种快乐与安宁不是那些贵族子弟所能够理解的。于是，他写下《煮泉小品》，这是为了与那些以流水、清石为伍的人共同探讨。他的文章考证完备而周详，品评公允而得当，确实是那些说茶品水诸书中最可信的。在天下诸人中，赞皇公鉴别水的品质，陆羽品评茶的优劣，他们对茶的爱好已至深成癖，很少有人能和他们相比。到了丁公评论《茶图》之时，就专门论述采摘和制作茶叶，可惜又不完备；蔡君谟著《茶录》，烹煮说得很详细却又不是很精当；刘伯刍、李季卿评价适合茶叶的水，他们的说法又各有不同，而且还和陆羽有些背道而驰，实在是值得怀疑并且很可笑。近来听说徐伯臣撰写的《水品》，又忽略了茶叶。而像子艺的品评，既兼备了前人的长处，又能深谙江河的秀美。他的气度宏大高深，他的思绪深远淡泊，他的才华十分出众，读者在这本书里面都能够详尽地品味出来。这大概就是子艺的学识与泉水、茶叶相结合的结果吧。这难道不能洗脱尘世的喧嚣和浮华吗？承蒙子艺让我作序的好意，我屡次推却而不得，勉强写下此文。嘉靖甲寅年冬十月十六日仁和人

赵观撰写此文。

【义理揭示】

在此文中，我们见识了田艺蘅厌恶尘世、深远淡泊、才华清溢的高洁品性。田艺蘅的故事告诉我们：唯有戒除浮躁、静心养性，才可进入茶道境界。

十 医治泉石膏肓

【原文选读】

昔我田隐翁，尝自委曰“泉石膏肓”。噫，夫以膏肓之病，固神医之所不治者也；而在于泉石，则其病亦甚奇矣。余少患此病，心已忘之，而人皆咎余之不治。然遍检方书，苦无对病之药。偶居山中，遇淡若[①]叟，向余曰：“此病固无恙也，子欲治之，即当煮清泉白石，加以苦茗，服之久久，虽辟谷[②]可也，又何患于膏肓之病邪。”余敬顿首受之，遂依法调饮，自觉其效日著。因广其意，条辑成编，以付司鼎[③]山童，俾[④]遇有同病之客来，便以此荐之。若有如煎金玉汤者[⑤]来，慎弗出之，以取[⑥]彼之鄙笑。

时嘉靖甲寅秋孟中元日[⑦]，钱塘田艺蘅序。

（选自明田艺蘅《煮泉小品》）

注释：

①淡若：也作淡如，淡泊寡欲。

②辟谷：即不食五谷。这是道教的一种修炼术，辟谷时，不食五谷，食

药物。

③司鼎：这里指烹茶。

④俾：如果。

⑤煎金玉汤者：指以奢豪为饮的富贵人。

⑥取：取消，免除。

⑦中元：指农历七月十五日。

【文意疏通】

在此文中，田艺蘅说自己从小得了"泉石膏肓之症"，其实是为了让其文字增加一点诙谐而已。"泉石膏肓，烟霞痼癖"，原是托山水之好而远离世俗之扰的意思。田艺蘅以此典故煞有介事地讲起故事，说是有位老者告诉他药方，多喝茶就能治疗这泉石膏肓的病症，从而引出他的"序"：

以前我田隐翁曾说自己得了"泉石膏肓之症"。哎，病入膏肓，就算是神医也不能医治；而病的原因还与泉石有关，那这病就更奇怪了。我年少的时候就患上了这种病，具体时间我早已忘记了，别人都怪我不去治疗。但是我翻遍了药书，都找不到可以治病的药方。有一次在山里居住的时候，偶然遇见一位老人，同他交谈，他对我说："这个病不要紧，你如果想把疾病治愈，那就煮清澈的泉水，在里面加上苦涩的茶叶，长期服用，即使不吃粮食都可以，还怕什么膏肓之病呢！"我十分感激地接受了他的建议，于是按照他的方法来调制饮用，自己觉得效果越来越显著了。因此我推广他的意思，编辑成书，交给负责烹茶的山童，如果再遇到与我有同样病症的客人，就把这个方法告诉他。如果是非常富贵的人来的话，那就不要拿出来，以免受到别人的嘲笑。

嘉靖甲寅孟秋七月十五，钱塘田艺蘅序。

【义理揭示】

田艺蘅以此文为自己的《煮泉小品》作序，诙谐的文字中既透出他至情至性的真心，也表露了他深远淡泊、远离浮华尘世的茶道境界。

十一　傲物之吃茶汉

【原文选读】

挺然[①]而秀，郁然[②]而茂，森然[③]而列者，北园之茶也。泠然[④]而清，锵然而声，涓然而流者，南涧之水也。块然[⑤]而立，晬然[⑥]而温，铿然而鸣者，东山之石也。癯[⑦]然而酸[⑧]，兀然[⑨]而傲，扩然而狂者，渠[⑩]也。以东山之石，击灼然之火。以南涧之水，烹北园之茶，自非吃茶汉，则当握拳布袖，莫敢伸也！本是林下一家生活，傲物玩世之事，岂白丁可共语哉？予法举白眼而望青天，汲清泉而烹活火[⑪]，自谓与天语以扩心志之大，符水以副内练之功，得非游心于茶灶，又将有裨于修养之道矣，岂惟清哉？涵虚子臞仙书。

（选自明朱权《茶谱》）

注释：

①挺然：挺拔直立的样子。

②郁然：茂盛的样子。

③森然：丰厚茂密的样子。

④泠（líng）然：清凉状。

⑤块然：孤独的样子。

⑥睟（zuì）然：温润状。

⑦癯（qú）：清瘦。

⑧酸：贫寒。

⑨兀然：突兀的样子。

⑩渠：他，代指茶道中人。

⑪活火：有焰的火。

【文意疏通】

朱权是明太祖朱元璋的第十七子，在靖难之役中被朱棣绑架，共同反叛建文帝，朱棣即位后，对他加以迫害，他只好将心思寄托于道教、戏剧、文学中。他悉心茶道，将饮茶经验和体会写成《茶谱》，对中国茶文化颇有贡献。在下面的文字中，朱权借着茶、水、石、人的特点说明自己的清高品性与爱好。

秀丽挺拔，浓密葱郁，一行行茶树层叠排列着，茂密而丰厚，这就是北园的茶树。清澈寒凉，涓涓溪水，发出珠玉般清脆的声音，这就是南涧的溪水。虽独自屹立，却温润如玉，发出金石般透亮的鸣响，这是东山的奇石。而清瘦贫寒，兀然孤傲，狂然伟岸的，就是那烹煮茶叶的人。他用东山的奇石激发火花生火，用南涧的溪水烹沏北园的茶。如果不是懂茶的人，就应当把手缩在袖子里，不要贸然伸手做这些事情。因为茶道本来是山林间一个人的故事，傲然于物外，游离出世间，怎么能和那些庸俗的人一起谈论呢？我曾经仰望天空，以灵动的火焰烹煮清澈的泉水，我这样做，正是与上苍共语来开拓我的心怀，以如此之水来蓄养我内在的元

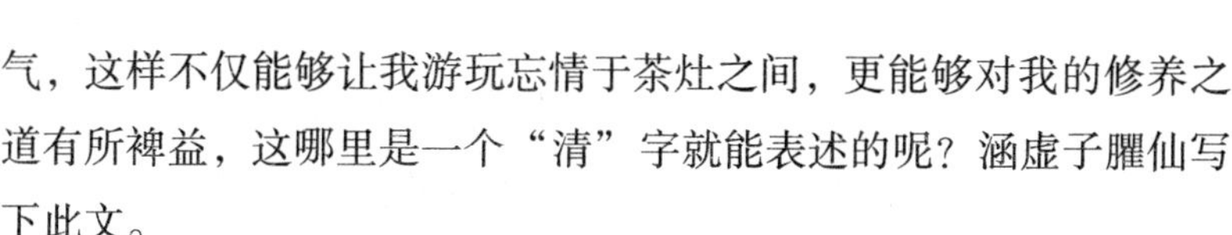

气，这样不仅能够让我游玩忘情于茶灶之间，更能够对我的修养之道有所裨益，这哪里是一个“清”字就能表述的呢？涵虚子臞仙写下此文。

【义理揭示】

借物明志是古代文人常用的方法，所以茶道之道并非是蕴含在茶中的物质之道，还折射出饮茶人傲然独立的品格。那份“独与天地精神相往来”的逍遥意境颇令我们现代人怀想和羡慕。

十二　龙泓茶泉双绝

【原文选读】

鸿渐[①]有云：“烹茶于所产处无不佳，盖水土之宜也。”此诚妙论。况旋摘旋瀹[②]，两及其新邪。故《茶谱》亦云：“蒙之中顶茶，若获一两，以本处水煎服，即能祛宿疾。”是也。今武林诸泉，惟龙泓入品[③]，而茶亦惟龙泓山为最。盖兹山深厚高大，佳丽秀越，为两山之主。故其泉清寒甘香。虞伯生诗：“但见飘中清，翠影落群岫。烹煎黄金芽，不取谷雨后[④]。”姚公绶诗：“品尝顾渚风斯下，零落《茶经》奈尔何。”则风味可知矣，又况为葛仙翁炼丹之所哉！又其[⑤]上为老龙泓，寒碧倍之[⑥]。其地产茶，其为南北山绝品。鸿渐第[⑦]钱唐天竺、灵隐者为下品，当未识此耳。而《郡志》亦只称宝云、香林、白云诸茶，皆未若龙泓之清馥隽永也。余尝一一试之，求其茶泉双绝，两浙罕伍[⑧]云。

（选自明田艺蘅《煮泉小品》）

注释：

①鸿渐：唐代著名的茶文化家和鉴赏家陆羽，字鸿渐。

②瀹（yuè）：煮、烹。

③入品：品质好。

④不取谷雨后：意思是不在谷雨之后采摘茶叶芽苗泡茶。

⑤其：指龙泓泉。

⑥寒碧倍之：意思是老龙泓泉水的清寒碧绿程度比龙泓泉要加倍。

⑦第：排序。

⑧伍：成对的组合，此处是同时具备、匹配的意思。

【文意疏通】

下面这段文字揭示了茶与水的关系，见解独到，论述生动。

陆羽说：“在茶的原产地烹茶，茶的味道没有不好的，原因就在于水土相合。”这实在是奇妙的议论，更何况刚刚摘下茶就立刻烹煮，茶和水都极其新鲜。所以《茶谱》也曾记载：“蒙顶山上的中顶茶，若能够采摘一两，用本地的水加以煎服，可以消除顽固难治的疾病。”这个记载其实说的也是水土相合的道理。现在武林地区的许多泉水，只有龙泓的泉水品质属于上乘。茶，也是龙泓山的茶最好。因为龙泓山深厚高大，佳丽峰和秀越峰是其中两座主峰，所以这里的泉水清寒甘甜，非常适合烹煮茶叶。虞伯生写诗说：“但见飘中清，翠影落群岫。烹煎黄金芽，不取谷雨后。”姚公绶写诗说：“品尝顾渚风斯下，零落《茶经》奈尔何。”此中茶的风味可想而知，更何况这里还是葛洪仙翁炼丹的地方呢！龙泓泉上是老龙泓，泉水更加清寒碧绿。这里所产的茶，被称为南北山的绝品。陆羽将钱唐天竺、灵隐两寺所产茶排序列为下等品，应该是还不知

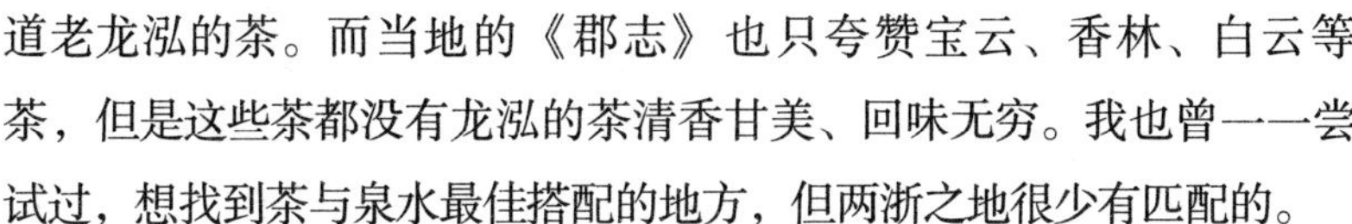

道老龙泓的茶。而当地的《郡志》也只夸赞宝云、香林、白云等茶，但是这些茶都没有龙泓的茶清香甘美、回味无穷。我也曾一一尝试过，想找到茶与泉水最佳搭配的地方，但两浙之地很少有匹配的。

【义理揭示】

当地水烹当地茶——古人对于茶与水的研究竟然如此透辟，令人称道。这为后世的人们提升茶艺、弘扬茶道奠定了基础。

茶，在唐代以前主要是做药用的。自魏晋到唐代，茶的制作工艺日趋成熟，逐渐成为士大夫们喜爱的饮品，正如唐代陆羽著《茶经》所说“茶道大行，王公朝士无不饮者”。陆羽的茶道追求真，极力甄别茶的质量和品种的优劣，强调烧水的火候、烹茶的分寸以及茶具的陈设，追求高超的烹茶技术，以此来还原茶的自然真味。他作《六羡歌》云：

不羡黄金罍，
不羡白玉杯，
不羡朝入省，
不羡暮入台。
千羡万羡西江水，
曾向竟陵城下来。

在陆羽的诗中，茶的自然之味是天地大美，胜过任何功名利禄的价值。在他看来，饮一杯好茶，体内浊气下降，可以驱散内心的烦闷，清气自然上升，人就会从心底感到一种踏实。不过，陆羽只是讲到人生求真的意义，那么饮茶能否激发人的审美和道悟呢？这一点直到明代的朱权写了《茶谱》，才被广泛认可。

《茶谱》不但对茶的点泡、茶的礼仪、茶的制作方法以及烹茶的工具进行了简明扼要的探讨，还强调茶的采摘、烘焙、烹煮都要遵从造化规律。当然，他所说的大道虚玄，本身是不可直接认识和测量的，只有从具体的事物去观察和推测，这既接续了《茶经》以来中国茶道的求真本色，又蕴含了道家有关虚实有无的深刻辩证思想。自然之味是茶的天性，虚玄造化要人去体悟。大道是平等的，不可能为任何人所占有和控制，与贫富贵贱、身份地位都没有关系。如此一来，饮茶就有了普遍的生活价值，文人士大夫饮得，贩夫走卒亦饮得；好茶粗泡，粗茶细喝，怎样都可。

因此，从某种意义上来讲，中国茶道是一种近乎理想的文化形态，它宽泛自然，好像天地一样"生而不有，为而不恃"，对众生来说，都是平等的。

文化传递

流传千年的茶道成为今天中国人日常生活的一部分，中国人对茶的热爱，更多的是对传统文化的体悟与认同。例如，陈香梅，旅居海外多年也没有改变中国茶的情结——

著名社会活动家陈香梅，在二十世纪六十年代移居美国，常年

奔波于世界各地，接触过各国饮食，然而她一生嗜爱中国茶，终生饮茶是她老而不衰的秘诀。

陈香梅在青年时期就喜欢喝茶，这与她的求学经历不无关系。抗战时期，她随着岭南大学从广州迁到香港，正是在那里，她接触了香港的下午茶，从此深深地爱上了它。其时正值广州沦陷之后，珍珠港事件爆发之前，因为要借用香港大学的教室上课，所以岭南大学的课程多数安排在午后和晚间，这便给了陈香梅和同学们不少的闲暇时光。她常利用课前课后的间隙，邀上三五学友，在港大的茶肆中品茶聊天。这里的茶肆差不多每天下午都客满——因为有清茶提供，教授和学生们都愿意到这里来谈古论今；到了考试紧张的时段，因为这里有清茶相伴，又成为学子们专心复习迎考的好地方。总之，陈香梅和她的同学们在香港读书的许多时光都是在这里伴随着清茶度过的。

然而，那段岁月并不安逸。不久，日军发动太平洋战争入侵香港，炮火轰塌了城池，也轰毁了陈香梅宁静的大学生活。离乱之际，陈香梅所能获得的唯一慰藉，便是香港大学的下午茶。每天下午，她和同学们仍会想办法聚来，共啜清茗，冲淡心头的愁绪……

正因为这段真实的生活经历，陈香梅才会在《我的下午茶与初恋》中写出那个时期茶对于香港人的意义："在那种朝不保夕的日子里，人有时也只有麻木一点儿，也唯有一杯茶，静坐一下的时光是最宝贵的了。这种忙里偷闲，以不变应万变的心情，是动乱时代的一种艺术生活。有许多人，在警报解除后，回到家里，所见到的已是一片瓦砾；又有些人，悲惨到妻离子散。假如我们禁不起折磨，那就只有慢慢被淘汰。"

后来，岭南大学不得不搬到乡下，陈香梅再也寻不到像香港大学茶肆那般温馨的下午茶座了，莫名地增添了许多失落和沧桑感。出于无法割舍的对港式下午茶的依恋，陈香梅索性亲自动手，模拟香港下午茶的种种做法，试着自己沏茶，自斟自饮，聊以寄托对清茶清韵的喜爱。对中国茶的热爱，就这样渗入了陈香梅的生活。

再后来，抗战结束、内战开始……陈香梅被迫四处迁徙，最后定居在美国纽约。虽说久居异国，并且作为一个社会活动家频繁奔波于世界各地，陈香梅能常常接触到世界各国的茶道风俗，然而，她在品茗的感情和习惯上，却是传统中国式的。她常说："我跑了许多地方，喝过各地所产的茶叶，但我觉得只有中国茶叶所泡的茶，最是可口。"常年的饮茶习惯让陈香梅始终保持着充沛的精力，时至晚年，她仍不遗余力地做公益事业、参加社会活动。她的记忆力很好，很多事情不用别人提醒也能记得；牙齿和视力也比同年龄人好。

陈香梅酷爱中国茶，归根结底是对中国文化的深刻认同。在煮茶品茗的过程里，她严格恪守的其实是对于中华文化的忠诚，即使远涉重洋，即使国籍变换，她坚守的永远是中国的茶道。

1. 在咖啡、碳酸饮料盛行的今天，中国人会改变饮茶习惯吗？请根据你对本章的学习，结合自己的饮茶感受，谈谈自己的看法。

2. 假如让你邀请同伴去品尝茶艺、感悟茶道，你会如何对同伴宣传中国茶道？

第七章　花——花格人品

一　塞外隐雪莲

【原文选读】

塞外有雪莲[①]，生崇山积雪中，状如今之洋菊，名以莲耳。其生必双，雄者差大，雌者小。然不并生，亦不同根，相去必一两丈[②]，见其一，再觅其一，无不得者。盖如菟丝[③]、茯苓[④]，一气所化，气相属也。凡望见此花，默往探之则获。如指以相告，则缩入雪中，杳无痕迹。即㔉[⑤]雪求之亦不获。草木有知，理不可解。

（选自清纪昀《阅微草堂笔记》）

注释：

①雪莲：一种植物，据《本草纲目拾遗》记载："雪莲花产伊犁西北及金川等大寒之地，积雪春夏不散，雪中有草，类荷花，独茎，亭亭雪间可爱，较荷花略细，其瓣薄而狭长，可三四寸，绝似笔尖。"

②丈：一米等于三尺，一丈等于十尺。

③菟（tù）丝：草名，俗称菟丝子，蔓生，茎细长，缠绕于其他植物上，花淡红色，子可入药。

④茯苓（fú líng）：寄生在松树根上的菌类植物，外皮黑褐色，里面白色或粉红色。

⑤瘵（lǐn）：寒颤。

【文意疏通】

由于“天山雪莲”的神秘，被后人称之为“神花”。在很多武侠小说中，这种颇具神秘色彩的植物经常被赋予奇特的功效，不但能让人起死回生，还能使人增强功力，这当然是艺术的夸张，但也从另一个侧面表现出人们对这种花的喜爱之情。此文是清人纪昀（纪晓岚）对雪莲的描述。

塞外有一种雪莲，生长在崇山峻岭的积雪之中，形状就像洋菊似的，名字却以莲来命名。雪莲这种植物，一旦生长出来就必定是雌雄两株。雄性的那株大一些，雌性的那株小一些。然而奇怪的是它们并不是长在一起的，也不是同一条根。两朵花之间的距离在三到十米之间，看见一朵，再找另外一朵，没有找不到的。雪莲和菟丝、茯苓一样，是同一种气性所化，属同一种植物属性。雪莲花的神奇之处在于，它如同隐士一样，如果你看见了它，悄悄地走过去，就能得到它。反之，如果你看见这种花后，用手指点，大声高呼，花朵就会悄悄隐退，不留任何痕迹。即使你在寒天雪地中再怎么忍受风雪煎熬，也无法找到它。看来，花草树木都有它自己的天性、灵气，这不是凡夫俗子可以了解的。

【义理揭示】

古人爱雪莲，不仅仅因为它长在深山雪地中，冰清玉洁，更因为它如隐士一般，飘忽神秘，让人难觅芳容。张九龄在《感遇》中道："草木本有心，何求美人折。"看来，万物都有灵气。人也一样，应洁身自好，不受尘俗玷污。

二　皇苑异杜鹃

【原文选读】

物以希见为珍，不必异种也。长安唐昌观[①]玉蕊，乃今玚花，又名米囊，黄鲁直[②]易为山矾者。润州鹤林寺杜鹃，乃今映山红，又名红踯躅者。二花在江东[③]弥山亘野，殆[④]与榛莽相似。而唐昌所产，至于神女下游，折花而去，以践玉峰之期；鹤林之花，至以为外国僧钵盂[⑤]中所移，上玄[⑥]命三女下司之，已逾百年，终归阆苑[⑦]。是不特[⑧]土俗罕见，虽神仙亦不识也。

（选自宋洪迈《容斋随笔》）

注释：

①唐昌观（guàn）：唐道观名，因玄宗之女唐昌公主而得名。观中有玉蕊花，相传是公主亲手种植。

②黄鲁直：宋代文人黄庭坚，字鲁直，与张耒、晁补之、秦观被称为"苏门四学士"。

③江东：江南。

④殆：几乎。

⑤钵盂（bō yú）：盛饭菜的食器，多用于佛教徒化缘，多为铜、铁等材

质，可在诵经时敲击。

⑥上玄：上天。

⑦阆（làng）苑：传说在昆仑山之巅，是西王母居住的地方，古诗文中常用来泛指神仙居住的地方。

⑧不特：不仅仅。

【文意疏通】

唐代诗人王建在一首诗中道：“太仪前日暖房来，嘱向昭阳乞药栽。敕赐一窠红踯躅，谢恩未了奏花开。”说的就是后宫中以杜鹃花为礼的风尚，在这里，杜鹃花已并非寻常山野草本，而成了皇上御赐的珍品。唐代著名诗人白居易也曾赞叹：“闲折二枝持在手，细看不似人间有。花中此物是西施，鞭蓉芍药皆嫫母。”把杜鹃花比为花中西施，为人间所罕有。此文是南宋的洪迈对于玉蕊花和杜鹃花的描述。

常言道“物以稀为贵”，其本身是否珍贵奇特倒并不重要了。唐代长安城唐昌观中的玉蕊花，名字听着高雅美艳，其实就是现在的玚花，也叫米囊，后来被黄鲁直改称为山矾的那种花。润州鹤林寺中的杜鹃花，也就是现在的映山红，又叫红踯躅的那种花。这两种花在江南长得漫山遍野，几乎跟丛生的野草一样，是最为稀松平常的花种了。然而此花江南虽多见，北方却视其为罕见之物，所以到了长安城，唐昌观中所种的玉蕊花，便成了珍贵之物，人们甚至传说每年神女都要下凡游赏，专程折撷许多玉蕊杜鹃，洒上琼露，去赴玉峰仙境的约会。而润州鹤林寺里的杜鹃花，人们甚至声称此花原本生长在天界，上天指定由三位仙女司管，被得道的异域僧人用钵盂栽盛，移植凡间。如今上天命令三位仙女下凡主管它已经超

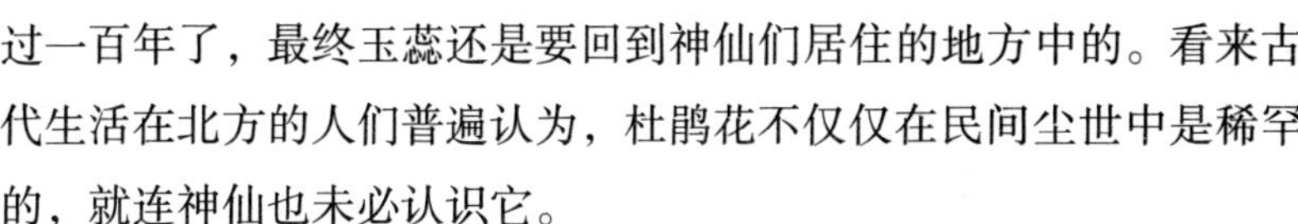

过一百年了，最终玉蕊还是要回到神仙们居住的地方中的。看来古代生活在北方的人们普遍认为，杜鹃花不仅仅在民间尘世中是稀罕的，就连神仙也未必认识它。

【义理揭示】

物以稀为贵，主要还在于其独特性。江南山野遍地可见的杜鹃花在北方人看来就成了“此物不似人间有”的珍卉，可见任何人都不需要为自己的平凡而感到羞愧——挖掘、打造自己的独特性，才是重要的。

三　枳生于淮南

【原文选读】

晏子[①]将使楚。楚王闻之，谓左右曰：“晏婴，齐之习辞者也。今方来，吾欲辱之，何以也[②]？”左右对曰：“为其来也，臣请缚一人，过王而行，王曰：‘何为者也？’对曰：‘齐人也。’王曰：‘何坐[③]？’曰：‘坐盗。’”晏子至，楚王赐晏子酒，酒酣[④]，吏二缚一人诣[⑤]王。王曰：“缚者曷[⑥]为者也？”对曰：“齐人也，坐盗。”王视晏子曰：“齐人固善盗乎？”晏子避席[⑦]对曰：“婴闻之，橘生淮南则为橘，生于淮北则为枳[⑧]，叶徒相似，其实味不同。所以然者何？水土异也。今民生长于齐不盗，入楚则盗，得无[⑨]楚之水土使民善盗耶？”王笑曰：“圣人非所与熙[⑩]也，寡人反取病焉。”

（选自战国《晏子春秋》）

注释：

①晏子：名婴，字仲。春秋后期齐国的国相，也是著名的政治家和外交家，以睿智善辩闻名。

②何以也：用什么办法呢？

③坐：犯罪。

④酒酣：酒喝得正畅快的时候。

⑤诣：到……去（指到尊长那里去）。

⑥曷：通“何”，什么。

⑦避席：离开座位，表示郑重和严肃的意思。古代把席子铺在地上坐，所以座位叫“席”。避，离开。席，坐具。

⑧枳（zhǐ）：一种灌木类植物，果实小而苦，也叫“枸橘”，果实酸苦。

⑨得无：莫非。

⑩熙：通“嬉”，开玩笑。

【文意疏通】

晏婴在其父晏弱死后继任齐相，历任齐灵公、齐庄公、齐景公三朝。晏子甚是睿智，能言善辩，内辅国政，屡谏齐君。对外他既富有灵活性，又坚持原则性，出使楚国时曾舌战楚王，把楚王的刁难一一化解。司马迁非常推崇晏婴，将其比为管仲。

有一次，晏子将要出使楚国，一向以齐国为首要敌对国的楚王听到这个消息，想借此机会挫挫齐国的威风，获得外交上的胜利。于是他询问身边的大臣：“晏婴是齐国最善于辞令的人，如今他要来楚国了，我想要羞辱羞辱他，挫挫他的威风，可以用些什么办法呢？”侍臣们出了个主意说：“这样吧，在他来觐见您的时候，我们就绑上一个人从您面前走过。然后您就问我们：‘这是哪里的人啊？’我们就回答说：‘是齐国人。’您再接着问我们：‘那他犯了

什么罪啊?’然后我们就回答:‘这人犯的是偷窃罪。’这样就可以让他没面子了。”楚王觉得这主意不错,就打算照办。晏子来到了楚国,楚王赏酒给晏子,正当他们喝得畅快的时候,两个士兵依计绑着一个人来到楚王面前。楚王问:“你们绑着的人做了什么呀?”士兵回答:“他是齐国人,犯了偷窃罪。”楚王得意地看着晏子,问道:“你们齐国人本来就善于偷东西吗?”晏子离开座位,庄重地回答:“我听说橘子生长在淮河以南的地方就成为橘子,生长在淮河以北的地方就成为枳,它们只是叶子相像罢了,但果实的味道却完全不同。这是什么原因呢?原来是因为水土不同啊。我们的老百姓生长在齐国就不偷东西,而到了楚国就偷东西,莫非是楚国的社会风气使这些老百姓都善于偷东西了吗?”楚王听完,笑着说:“果然是不能同圣人随便开玩笑的,我反倒自讨没趣了。”

【义理揭示】

环境的作用是巨大的,甚至可以改变事物的本质。中国古人深谙其理,所以才会有“孟母三迁”“良禽择木而栖”等这样的传说。晏子的故事除了体现其机智善辩的能力,也揭示了环境对于人成长的重要性。

四 花不冒爵赏

【原文选读】

余杭[①]万氏有水盆,徒一寻常瓦盆耳。然冬月以水沃之,皆成花。所谓花者,非若今之荼花之类,然才形似之也。趺萼檀蕊[②],

皆成真花，或时为梅，或时为菊，或时为桃李，以至芍药、牡丹诸名花。花皆交出之，以水沃之后，随其所变，看成何花，初不可定其色目也。万氏岁必一宴客，观水盆花，人亦携酒就观焉。政和[③]间，天下既奏祥瑞，而徽宗复喜玩好物，故天下异宝咸辐辏[④]，颇皆得爵赏。万氏以为：吾之盆，天下至异，使吾盆往，当出贡献上，蒙爵赏最厚。遂进之。及盆入乃不复成花矣，几获罪。呜呼！人之爵赏岂容滥取也？万氏水盆闻于浙江久矣，挹[⑤]水浸之即成花，顷刻无差。一冒爵赏，遂失其初，岂偶然哉？

（选自宋施彦执《北牕炙輠》）

注释：

①余杭：杭州。

②趺萼（fū è）：指花的萼片；檀蕊（tán ruǐ）：指粉色的花蕊。

③政和：宋徽宗赵佶的年号。

④辐辏（fú còu）：形容人或物聚集，像车辐集中于车毂一样。

⑤挹（yì）：舀。

【文意疏通】

此文讲述了一个神奇的故事，耐人寻味，发人深省。

杭州有个姓万的人，他家有一个水盆，看上去只不过是一个平常的瓦盆罢了。但是到了冬天把水浇下去，就会长出花来。这种花不是现在所说的茶花之类的，不过样子很像。它的花萼、花蕊，渐渐都能长成真花，有时是梅花，有时是菊花，有时是桃李，以至于芍药、牡丹等各种名花。这些花交错着长出来，用水浇灌后，就随它心意看能长成什么花了，最初是看不出什么品种什么颜色的。万

氏每年都会大摆一次宴席，请人观赏这水盆里的奇花，人们也都愿意带着酒去观赏。政和年间，天下呈现出了一片太平吉祥的气象，宋徽宗又一向喜欢玩赏珍奇物事，所以当时天下的珍宝都被送到京城的宫中，而一旦这些珍宝得到徽宗认可喜爱，那些献宝的人也都能得到封爵赏赐。于是万氏想：我的水盆可以算得上是天下最奇特的东西了，假使我把这个盆献给皇上，肯定可以得到最优厚的封赏啊。于是他就兴冲冲地拿着这个盆去进献了。哪知道这个盆被进献后，居然怎么也不能再变出花来了，他不仅没得到封赏，反而差点被降罪。唉，所谓无功不受禄，封爵赏赐之类的东西岂是随便想要就能要的？万氏的水盆在浙江闻名很久了，舀一瓢水进去就能变出花来，从来没有出过一次差错，然而当万氏想靠它来冒领封赏时，就顿时失去了最初的神奇，这难道是偶然的吗？

【义理揭示】

要摒弃功利之心，才能保持花的灵性，世间之人应以此为戒。正如花是让人欣赏的，人的才华应该是用来造福人间的，性情是用来温暖人心的。而一旦怀有功利之心，这一切便会失去本真。

五　泪化湘妃竹

【原文选读】

有虞[①]二妃者，帝尧[②]之二女也。长娥皇，次女英。……四岳[③]荐舜于尧，尧乃妻以二女以观厥内。二女承事舜于畎亩之中，不以天子之女故而骄盈怠嫚，犹谦谦恭俭，思尽妇道。……既纳于百揆[4]，宾于四门[5]，选于林木，入于大麓[6]，尧试之百方，每事常谋于二女。舜既嗣位，升为天子，娥皇为后，女英为妃。封象于有庳[7]，事瞽叟犹若初焉。天下称二妃聪明贞仁。舜陟方[8]，死于苍梧，号曰重华。二妃死于江湘之间，俗谓之湘君。

（选自汉刘向《列女传·母仪传》）

尧之二女，舜之二妃，曰"湘夫人"，舜崩[9]，二妃啼，以涕泪挥，竹尽斑。

（选自晋张华《博物志》）

注释：

①有虞（yú）：有虞氏，是中国古代五帝之一的舜帝部落的名称。有虞氏部落的始祖是虞幕，舜为虞幕的后裔，后来成为有虞氏部落的首领，受尧帝禅让，登帝位。

②尧（yáo）：中国古代五帝之一。

③四岳：传说尧舜时四方部落的首领。

④百揆（kuí）：我国商周以前之官名。

⑤四门：指明堂四方的门。明堂是古代帝王所建的最隆重的建筑物，用作朝会诸侯、发布政令、秋季祭天等。

⑥大麓（lù）：犹总领，谓领录天子之事。

⑦有庳（bēi）：古地名，相传舜封象于此。

⑧陟（zhì）方：犹巡狩，指天子外出巡视。

⑨崩：古代帝王死称"崩"。

【文意疏通】

娥皇和女英是神话传说人物，湘妃竹的故事流传至今，令人唏嘘，令人感怀。

湘妃是尧帝的两个女儿，长女叫娥皇，次女叫女英。四方部落首领共同向尧帝推荐舜。尧把自己的两个女儿嫁给他，也想从侧面了解他的真实内在。两个女儿被嫁给舜之后，不因自己是帝王之女而娇纵轻慢，始终谦恭勤俭，恪守妇道，在陇亩之中甘为人妻。舜也通过了尧的各种考验，成功地登上王位。舜登基之后，以娥皇为后，以女英为妃，她们鼓励舜以德报怨，宽容和善待那些曾经百般为难他的死敌。天下人都称颂二妃的聪慧与仁德。舜帝晚年巡察南方，在一个叫苍梧的地方突然病故，娥皇和女英闻知此事后殉情于湘江，世人便称她们为“湘君”。

《博物志》补充道：二妃在听闻舜的死讯后，一路失声痛哭，而她们的眼泪洒在山野的竹子上，所有的竹子上都形成了泪状的斑纹。

【义理揭示】

湘妃竹的传说表明了中国古人对忠贞爱情的赞美与向往。这种对爱情忠贞不渝的追求，在今天依然是有现实意义的。

六　芙蓉女儿诔

【原文选读】

维太平不易之元[①]，蓉桂竞芳之月[②]，无可奈何之日，怡红院浊玉，谨以群花之蕊，冰鲛之縠[③]，沁芳之泉，枫露之茗，四者虽微，聊以达诚申信，乃致祭于白帝[④]宫中抚司[⑤]秋艳芙蓉女儿之前曰：窃思女儿自临浊世，迄今凡十有六载。其先之乡籍姓氏，湮沦而莫能考者久矣。而玉得于衾枕栉沐之间，栖息宴游之夕，亲昵狎亵，相与共处者，仅五年八月有奇。忆女儿曩生之昔，其为质则金玉不足喻其贵，其为性则冰雪不足喻其洁，其为神则星日不足喻其精，其为貌则花月不足喻其色。姊娣悉慕媖娴，妪媪咸仰惠德。……始知上帝垂旌[⑥]，花宫待诏[⑦]，生侪兰蕙，死辖芙蓉。听小婢之言，似涉无稽；据浊玉之思，则深为有据。何也：昔叶法善[⑧]摄魂以撰碑，李长吉[⑨]被诏而为记，事虽殊，其理则一也。故相物以配才，苟非其人，恶乃滥乎其位？始信上帝委托权衡，可谓至洽至协，庶不负其所秉赋也。

（选自清曹雪芹《红楼梦》）

注释：

①维太平不易之元：“诔（lěi）”这一文体的格式，开头应当先交代年月日。曹雪芹想脱去“伤时骂世”“干涉朝廷”的罪名，免遭文字之祸，称小说“无朝代年纪可考”，不得已，才想出这样的名目。

②蓉桂竞芳之月：指农历八月。

③鲛（jiāo）：鲛人，传说中居南海，如鱼，滴下眼泪就化为珍珠，善织，所织之绡明洁如冰，暑天令人凉快，因此名曰“冰鲛”。縠（hú）：一种有皱纹的纱。

④白帝：司时之神。

⑤抚司：管辖。

⑥垂旌（jīng）：用竿挑着旌旗，作为使者征召的信号。

⑦待诏：等待上帝的诏命，即供职。

⑧叶法善：唐代术士，《处州府志》中记载其将当时著名文人和书法家李邕的灵魂从梦中摄去，以给自己的祖父叶有道撰述并书写碑文，世称“追魂碑”。

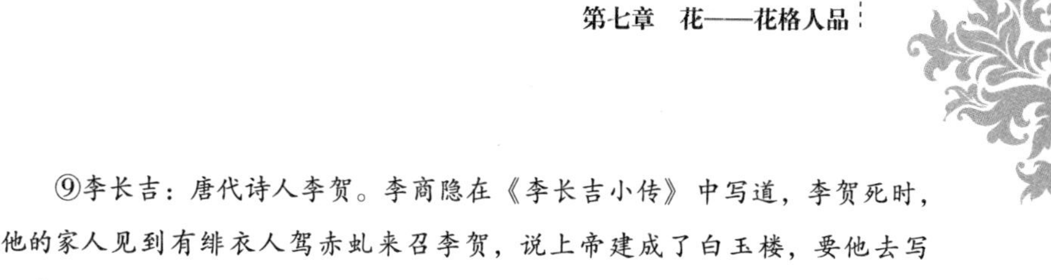

⑨李长吉：唐代诗人李贺。李商隐在《李长吉小传》中写道，李贺死时，他的家人见到有绯衣人驾赤虬来召李贺，说上帝建成了白玉楼，要他去写文章。

【文意疏通】

这是《红楼梦》主人公贾宝玉祭奠心爱的丫鬟晴雯时创作的一篇祭文，作品文采飞扬、感情真挚、寓意深刻，体现了作者曹雪芹的文才。曹雪芹堪称中国文学史上赞美女子真性情的第一人。在他的笔下，中国女性之美得到了充分展示，晴雯就是其中的重要一员。晴雯从小被卖给贾府的奴仆赖大家为奴。赖嬷嬷到贾府去时常带着她，只因她生得“十分伶俐标致”，“贾母见了喜欢”，就被赖大母亲当成一件小玩意儿孝敬给贾母。这种被奴才当成礼物送给主子的奴才身份是最低下的。但晴雯长得风流灵巧，眉眼儿有点像林黛玉，口齿伶俐，针线活尤其好，深得贾母喜爱，后来成了服侍贾宝玉的四个大丫鬟之一，曾为宝玉“病补雀金裘”。她也是最具有反抗精神的丫鬟。她蔑视王夫人为笼络小丫头所施的小恩小惠；嘲讽向主子讨好邀宠的袭人是“哈巴狗儿”；抄检大观园时，唯有她“挽著头发闯进来，‘豁啷’一声将箱子掀开，两手提著底子，朝天往地下尽情一倒，将所有之物尽都倒出”，还当众把狗仗人势的王善保家的痛骂一顿。然而她的反抗，遭到了残酷报复。因为晴雯模样长得稍好一些，经常和贾宝玉说说笑笑，王夫人就误以为她会带坏宝玉，在她病得“四五日水米不曾沾牙”的情况下，从炕上拉下来，硬给撵出了大观园。当天宝玉偷偷前去探望，晴雯深为感动，便绞下自己两根葱管一般的指甲，脱下一件贴身穿的旧红绫小袄儿赠给他。当夜，晴雯悲惨地死去了。在她死后，宝玉深感悲哀，作了《芙蓉女儿诔》祭奠她。在《金陵十二钗又副册》中，晴雯的判词是“心比天高，身为下贱”，即已揭示了其悲剧命运的根源。而在《芙蓉女儿诔》中，贾宝玉更是以芙蓉相比，称颂她“出污泥而不染”的高洁品性。宝玉哀叹道：

千秋万岁太平年，芙蓉桂花飘香月，无可奈何伤怀日，怡红院浊玉，谨以百花蕊为香，冰鲛縠为帛，取来沁芳亭泉水，敬上枫露茶一杯。这四样物事虽微薄，聊以表达我诚挚恳切的心意，将它放在白帝宫中管辖秋花之神的芙蓉姑娘的面前，祭奠说：姑娘你自从降临这污浊的人世，想来已有十六年。你祖先的籍贯和姓氏，早已湮没无从查考。我能和你于起居梳洗、饮食玩耍中亲密相处，仅仅只有五年八个月多一点的时间啊！回想姑娘在世时，你的品质，即使黄金美玉也难比喻其高贵；你的心地，即使莹冰白雪也难比喻其纯洁；你的神智，即使明星朗日也难比喻其光华；你的容貌，即使春花秋月也难比喻其娇美。姐妹们都喜欢你的娴雅，婆姨们都看重你的贤惠。……现在我才知道上帝传下了旨意，要你到花宫待诏。在世时，你与兰蕙为伴；过世后，就请你当芙蓉主人。起初听到小丫头的话，似觉荒诞无稽，但以我浊玉想来，实在颇有依据。这是为什么呢？想从前唐代的叶法善就曾把李邕的魂魄从梦中摄走，叫他写碑文；诗人李贺也被上帝派人召去，请他给白玉楼作记。事情虽然不同，道理却是一样的。所以，任何事物都要找到能与之相匹配的人，假如这个人不配管这件事，那岂不是用人太滥了吗？如今，我相信上帝衡量一个人，把事情托付给这个人，可谓恰当妥善至极，才不至于辜负这个人的品性和才能。

【义理揭示】

曹雪芹借贾宝玉之手，以花喻人，将花格与人品完美结合。“心比天高，身为下贱”的晴雯就如芙蓉般“出污泥而不染”，至死都保持着高洁的品性。

七　周敦颐爱莲

【原文选读】

水陆草木之花，可[①]爱者甚蕃[②]。晋陶渊明独爱菊；自李唐来，世人盛爱牡丹；予独爱莲之出淤泥而不染，濯[③]清涟而不妖，中通外直，不蔓不枝[④]，香远益清，亭亭净植，可远观而不可亵[⑤]玩焉。

予谓菊，花之隐逸者也；牡丹，花之富贵者也；莲，花之君子者也。噫！菊之爱，陶后鲜有闻；莲之爱，同予者何人？牡丹之爱，宜乎众矣。

（选自宋周敦颐《爱莲说》）

注释：

①可：值得。

②蕃：通“繁”，多。

③濯（zhuó）：洗涤。

④不蔓不枝：不生枝蔓，不长枝节。蔓，名词用作动词，生枝蔓。枝，名词用作动词，长枝节。

⑤亵（xiè）：亲近而不庄重。

【文意疏通】

周敦颐是北宋理学濂溪学派的创始人，程颢、程颐的老师。黄庭坚称其“人品甚高，胸怀洒落，如光风霁月”。北宋中叶，士大夫追求富贵、耽于享乐之风盛行。周敦颐目击时弊，写成了这篇借物咏志的小品。

水上、陆地上的各种花草树木，值得喜爱的非常多。晋朝的陶渊明唯独喜爱菊花，从唐朝以来世间的人们非常喜爱牡丹。我唯独喜爱莲花，它从淤泥中长出来却不沾染污秽，在清水里洗涤过但不显得妖媚，它的茎中间贯通，外形挺直，不生枝蔓，不长枝节，香气远播而更显清香，笔直洁净地立在那里，可以远远地观赏，但是不能玩弄它。

我认为，菊花是花中的隐士；牡丹是花中的富贵者；莲花是花中的君子。唉！对于菊花的喜爱，在陶渊明以后很少听到了。对于莲花的喜爱，和我一样的还有谁？对于牡丹的喜爱，当然有很多人了。

【义理揭示】

周敦颐通过对莲花的礼赞，表达了自己对美好理想的憧憬，对高尚情操的追求，对庸劣世态的憎恶。其懿德高风与美学情趣，在当时具有重要意义，在今天也不失其思想价值。

八 醉翁传花杯

【原文选读】

欧阳文忠公在扬州作平山堂，壮丽为淮南第一，堂据蜀冈，下临江南数百里，真、润、金陵三州隐隐若可见。公每暑时辄凌晨携客往游，遣人走邵伯取荷花千余朵，以画盆分插百许盆，与客相间，遇酒行即遣妓取一花传客，以次[①]摘其叶，尽处则饮酒，往往侵夜载月而归。余绍圣初始登第，尝以六七月之间馆于此堂者几月，是岁大暑，环堂左右老木参天，傍有竹千余竿，大如椽[②]，不复见日色，苏子瞻诗所谓“稚节可专车”[③]是也。寺有一僧年八十余，及见公，犹能道公时事甚详，迩来[④]几四十年，念之犹在目。今余小池植莲，虽不多，来岁花开，当与山中一二客修此故事。

（选自宋叶梦得《避暑录话》）

注释：

①以次：按照顺序。

②椽（chuán）：放在檩上架着屋顶的木条。

③稚节可专车：语出宋代苏轼《谷林堂诗》，“稚竹真可人，霜节已专车”。

④迩（ěr）来：近来。

【文意疏通】

庆历八年（1048），欧阳修从滁州升任为扬州太守。欧阳修在繁忙的政务之余，寄情于山水，抒怀于诗词。到了蜀冈，他想拥有一个私家醉翁亭，那就是他自己设计建造的平山堂。

欧阳修在扬州设计建造的平山堂十分壮丽，是淮南第一。平山堂坐落于蜀冈上，视野极其开阔，向下可以俯视江南几百里美景，真州、润州、金陵三州都隐约可见。欧阳修每到盛夏，时不时就会在凌晨带着好友前往游赏。他会专程派人前往邵伯取来一千多朵荷花，分插在一百多个画盆中。夏夜月下，百盆荷花，嘉宾围坐，要行酒令时，就让歌伎摘花瓣传客，每朵花的最后一瓣传到谁的手里，谁就要饮酒一杯，赋诗一首，往往这样一直玩到夜尽。我在绍圣年间来到平山堂，默默地怀念欧阳太守当年的风采和情怀，看到竹林如海，竹粗如椽，并听寺中老翁对当年之事娓娓道来，历历在目，令我心生向往，我准备到夏天，待自家池中莲花开后，也约几个好友如法炮制一番。

【义理揭示】

古有“曲水流觞”，宋有“醉翁传花”，文人雅士饮酒赋诗其乐无穷，反映出他们丰富而生动的精神世界，令人神往。

九 王子猷赏竹

【原文选读】

王子猷[1]尝暂寄人空宅住，便令种竹。或问：“暂住何烦尔？”王啸咏良久，直指竹曰：“何可一日无此君？”王子猷尝行过吴中，见一士大夫家极有好竹。主已知子猷当往，乃洒扫施设，在听事[2]坐相待。王肩舆[3]径造竹下，讽啸良久。主已失望，犹冀还当通，

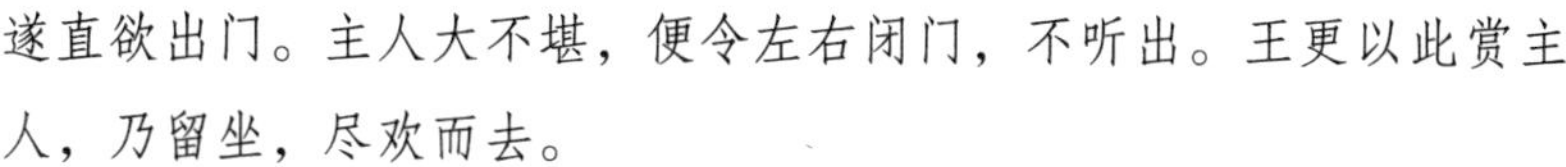

遂直欲出门。主人大不堪，便令左右闭门，不听出。王更以此赏主人，乃留坐，尽欢而去。

（选自明陈诗教《花里活》）

注释：

①王子猷（yóu）：名徽之，东晋人，大书法家王羲之之子。

②听事：大厅。

③肩舆（jiān yú）：轿子。

【文意疏通】

自古喜竹之文人极多，例如郑板桥生平画竹几乎成痴，苏轼爱竹且有名诗：宁可食无肉，不可居无竹。然而看了王子猷的故事，方知他们不过是爱竹的后来人罢了。王子猷是东晋人，出身名门，性格不羁，颇具魏晋文人率性而为的作风。他是一个彻头彻尾的怪人，许多行为都让人哭笑不得。

王子猷偶然到别人的空宅院里暂住一段时间，便令种竹子。有人不解地问："你只是暂时住一住，何必这么麻烦呢？"王子猷沉吟了好久，然后直指着竹子说："怎么可以一天没有此君呢？"王子猷某日出行经过吴中，看到一户士大夫人家的庭院中种有好竹，便径自闯了进去，旁若无人地欣赏起来。主人素知王子猷爱竹，也知他将来此地，早已洒扫厅堂预备款待，不曾想子猷赏竹完毕，竟招呼也不打就要扬长而去。主人也不含糊，当即命家人关好院门，执意留客。本就落拓不羁的王子猷对主人的这一招倒是很欣赏，于是又索性留下来，与主人相谈甚欢，尽兴而去。

【义理揭示】

中国文人历来喜爱竹子，中国也是世界上研究、培育和利用竹子最早的国家，竹子在中国的历史发展和文化形成的过程中产生过巨大的作用。王子猷对竹子的妙赏，实际上是在对竹子的喜爱中寄托了一种理想的人格。

十 陶渊明爱菊

【原文选读】

《续晋阳秋》曰：陶渊明，常九月九日无酒，出菊丛中，摘盈把，坐其侧。久之，望见一白衣人至，乃王弘送酒，即便就酌。

（选自宋李昉等《太平御览》）

晋陶潜爱菊，尝对花命酒独酌吟赏终日。

（选自明陈诗教《花里活》）

……乃瞻衡宇，载欣载奔[①]。僮仆欢迎，稚子候门。三径就荒，松菊犹存。携幼入室，有酒盈樽。引[②]壶觞[③]以自酌，眄庭柯以怡颜[④]。倚南窗以寄傲[⑤]，审容膝之易安[⑥]。

（选自晋陶渊明《归去来兮辞》）

注释：

①乃瞻衡宇，载欣载奔：看见自己家的房子，心中欣喜，奔跑过去。瞻，远望。衡宇，简陋的房子。

②引：拿来。

③觞（shāng）：酒杯。

④眄（miǎn）庭柯以怡颜：看看院子里的树木，觉得很愉快。眄，斜看。

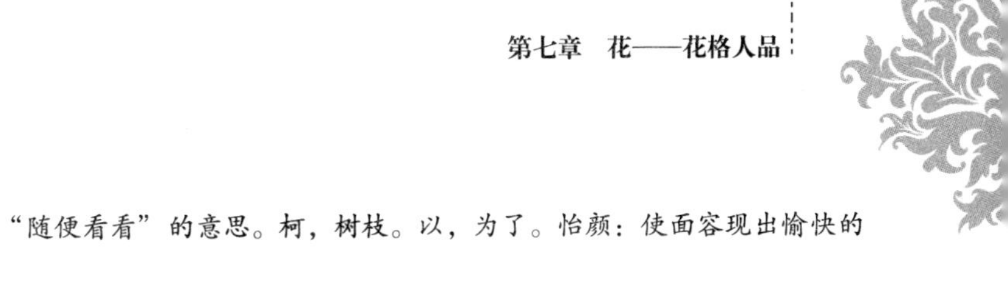

这里是“随便看看”的意思。柯，树枝。以，为了。怡颜：使面容现出愉快的神色。

⑤寄傲：寄托傲然自得的心情。傲，傲世。

⑥审容膝之易安：觉得住在简陋的小屋里也非常舒服。审，觉察。容膝，只能容下双膝，形容地方极小。

【文意疏通】

菊花是我国十大传统名花之一，与梅、兰、竹合称为“花中四君子”，是历代文人最为推崇的植物。赏菊，更是赏菊文化，古人把菊花的造型与人的品德联系在一起，这就是“君子比德”观。陶渊明是东晋人，他做彭泽县令时，恰好碰上督邮来视察工作，县吏告诉他，“应束带见之”，他不愿“为五斗米折腰”，当即辞去彭泽令，洁身自好。此后，他长期归隐田园，以酒遣怀，以菊花为伴。

《太平御览》记载，《续晋阳秋》里面说：曾经有一次九月初九重阳日，陶渊明去赏菊，但没带酒，后来就从菊花丛中摘了满把菊花出来，发现无酒可喝，就把花放在身边，继续赏菊。这样坐了很久，远远望见一个穿白衣服的人过来，原来是王弘来送酒，于是马上就喝起来了。

《花里活》记载，东晋的陶渊明特别喜欢菊花，可以整天对着菊花独自饮酒吟赏而不厌。

陶渊明在《归去来兮辞》里写道：经过漫漫回家路，终于看到了自己的家，心中欣喜，奔跑过去。家僮欢快地迎接我，幼儿们守候在门庭等待。院子里的小路快要荒芜了，幸好松菊还长在那里。我带着幼儿们进入屋室，早有清酿溢满了酒樽。我拿起酒壶酒杯自斟自饮，看着院子里的树木，觉得很愉快；倚着南窗寄托傲然自得的心情，觉得住在简陋的小屋里也非常舒服。

【义理揭示】

因为菊花在“霜降之时，唯此草盛茂”的独特品性，故而菊成为生命力的象征；同时，因为菊花“枝头抱香死”，而且是开在秋天万物开始凋零之际，所以显得孤高独立；又因为菊花开在山野，所以有隐逸之风……凡此种种，使中国的古人特别爱菊。而陶渊明爱菊，便是爱菊花高洁的品性。

十一 袁枚说牡丹

【原文选读】

冬月，山之叟[①]担一牡丹，高可隐人，枝柯鄂韡[②]，蕊丛丛以百数。主人异目视之，为损重赀[③]。虑他处无足当是花者，庭之正中，旧有数本，移其位让焉。幂锦张烛，客来指以自负。亡何[④]花开，薄如蝉翼，较前大不如。怒而移之山，再移之墙，立枯死。主人惭其故花，且嫌庭之空也，归其原，数日亦死。

客过而尤[⑤]之曰：“子不见夫善相花者乎？宜山者山，宜庭者庭。迁而移之，在冬非春。故人与花常两全也。子既貌取以为良，一不当，暴摧折之，移其非时，花之怨以死也诚宜。夫天下之荆棘藜[⑥]刺，下牡丹百倍者，子不能尽怒而迁之也。牡丹之来也，未尝自言曰：‘宜重吾价，宜置吾庭，宜黜汝旧，以让吾新。’一月之间，忽予忽夺，皆子一人之为。不自怒而怒花，过矣！庭之故花未必果奇，子之仍复其处，以其犹奇于新也。当其时，新者虽来，旧

者不让，较其开孰胜而后移焉，则俱不死；就移焉，而不急复故花之位，则其一死，其一不死。子亟亟[⑦]焉，物性之不知，土宜之不辨，喜而左之，怒而右之。主人之喜怒无常，花之性命尽矣！然则子之病，病乎其己尊而物贱也，性果而识暗也，自恃而不谋诸人也。他日子之庭，其无花哉！"

（选自清袁枚《小仓山房文集》）

注释：

①叟：老翁。

②鄂韡（è wěi）：繁盛。

③赀（zī）：通"资"。

④亡何：通"无何"，不久。

⑤尤：责备。

⑥藜（lí）：一年生草本植物，茎直立，嫩叶可吃。

⑦亟亟（jí jí）：急忙，急迫。

【文意疏通】

袁枚，清代诗人、散文家、文学评论家。字子才，号简斋，晚年自号仓山居士、随园主人。这篇文章讲述的虽然是栽种牡丹的故事，但是却颇有深意，会给我们带来很多关于人生的启示。

冬天，山中有位老翁挑来一株牡丹卖。这牡丹有一人多高，枝条繁茂，上面结出的簇簇花苞数以百计。仓山房主人看它与众不同，就出高价买了下来，但又担心把它和其他的花一样栽在别处会与这株牡丹的雍容高贵不相称，于是特地把庭院中原有的几株旧牡丹移到别处，空出地方来栽上这株新牡丹。种上之后，又在它上面用锦帐遮盖起来，晚上在旁边点上烛火，如果有客人来了，仓山房主人就自豪地指给客人看。没过多久，这株牡丹的花开放了，但花瓣薄得像蝉的翅膀一样，完全比不上原先的那几株牡丹。于是仓山房主人愤然将它移到山上，再后来又移到墙边，这株牡丹很快就枯死了。主人这时才感到有点对不住原先的那几株牡丹，又嫌庭院有点空，便又将它们移植回原处，但没过几天，这些牡丹也枯死了。

有客人来访，知道此事后忍不住责备主人道："您没见过那些善于种花的人是怎么做的吗？适宜在山上长的就种在山上，适宜在庭院中长的就栽在庭院里，如果要迁移它们，也应该是在冬天而不是春天，这样人的赏花需求和花的生长特点才能同时兼顾而两全其美。但您先是根据外貌就主观臆断那牡丹是良种，然后种植以后又发现它不如原来想的那样，就立即粗暴地摧残损害它们，不按时节移栽，牡丹花含冤而死也是理所当然的。天底下荆棘、藜刺之类的东西比牡丹低下百倍，但您没有办法因为生气而统统把它们迁走啊。牡丹来时，并不曾说：'你该看重我的身价，你该把我栽在庭院中，你要铲除原有的旧花，把地方让给我这新来的。'然而一个月中，您忽而珍视它，忽而贬抑它，这都是您一个人自作主张啊。现在您不怪自己却怪花，这真是大错特错呀！庭中旧有的牡丹花未必名贵，但你又以为它们比新买的好，仍然把它们移回原处。如果当初新的牡丹虽然买来，但先不移走旧的牡丹，比较它们开的花哪个更好之后再移栽，就不会全部死掉了。您如此急躁，既不懂生物的习性，又不知道土壤是否适宜，高兴了就抬举它，生气了就摧残它，主人如此喜怒无常，花的命也就被送掉了。所以，您的毛病就在于看重自己而轻视生物，性情专断而缺乏常识，自以为是又不跟人商量。以后您的庭院中，大概不会有花木了吧。"

【义理揭示】

事物各有其本性，我们不能因为自己的主观意愿去破坏事物正常的发展规律，而应该顺其自然。如果事物发展不如己意，就应该先反思自己的做法是否合理。

十二　陶望龄养兰

【原文选读】

会稽[①]多兰，而闽[②]产者贵。养之之法，喜润而忌湿，喜燥而畏日，喜风而避寒，如富家小儿女，特多态难奉[③]。

予旧尝闻之，曰他花皆嗜秽而溉，闽兰独用茗汁[④]，以为草树清香无如兰味，洁者无如茗气，类相合宜也。

休园中有兰二盆，溉之如法，然叶日短，色日瘁[⑤]，无何其一槁矣。而他家所植者，茂而多花。

予就问故，且告以闻。客叹曰："误哉，子之术也。夫以甘食人者，百谷也；以芳悦人者，百卉也。其所谓甘与芳，子识[⑥]之乎？臭腐之极，复为神奇，物皆然矣。昔人有捕得龟者，曰龟之灵，不食也。箧藏之，旬而启之，龟已几死。由此言之，凡谓物之有不食者，与草木之有不嗜秽者，皆妄也。子固而溺所闻，子之兰槁亦后矣。"

予既归，不怿[⑦]，犹谓闻之不妄，术之不谬。既而疑曰：物固有久而易其嗜，丧其故，密化[⑧]而不可知者。《离骚》曰："兰芷变而不芳兮，荃蕙化而为茅。"夫其脆弱骄蹇[⑨]，衔芳以自贵，余固以忧其难养，而不虞其易变也。嗟乎！于是使童子刈槁[⑩]沃枯，运粪而渍之，遂盛。

（选自明陶望龄《养兰说》）

注释：

①会稽（kuài jī）：浙江会稽郡，即今之绍兴。

②闽（mǐn）：福建。

③奉：侍奉。

④茗汁：茶叶水。

⑤瘁：通“悴”。

⑥识：了解。

⑦怿（yì）：高兴。

⑧密化：隐秘，悄悄地变化。

⑨骄蹇（jiǎn）：傲慢，不顺从。

⑩刈槁（yì gǎo）：割去干枯的部分。

【文意疏通】

陶望龄，明朝人，工诗善文。他毕生笃信王阳明的学说，同时受公安派的影响也很深。

这篇《养兰说》颇值得玩味，发人深省。

浙江会稽盛产兰草，但福建的兰草更为名贵。养护这类兰草的方法特别讲究：兰草喜欢空气湿润但又忌讳潮湿，喜欢干燥但又害怕强烈日照，喜好通风但又要避免过分寒冷，像富贵人家的小儿女们，特别娇柔作态，最难侍候。

我从前听到过这样的说法，说什么其他的花都特别喜欢污秽的粪水灌溉，唯独福建的兰草适宜用喝过的茶水浇灌，因为一切花草树木的清香都赶不上兰草的香味纯正，而饮料中最干净的又莫过于

茶水，因此大概这二者结合在一起是十分合适的。

我家的休园中有两盆兰草，我按照听到的方法用喝过的茶水灌溉，但是，兰花叶片却一天天变短了，颜色也一天天变憔悴枯萎了，不久，其中一盆竟然枯槁了。可是，隔壁人家种植的兰草，却长得十分繁茂，并开了不少花朵。

我到他家去询问其中的缘故，并把用茶水灌溉兰草的事儿告诉了他。那朋友感叹道："这办法害了您啊！拿甜美的食物供给人吃，是粮食的职能；拿芳香的气味取悦于人，是花草的职责。这就是人们所说的甜美的食物和芳香的气味，但是您知道吗？那些提供营养的粮食和供人欣赏的花草其实都是用粪水灌溉出来的。腐朽到了极点就会转化为神奇的功用，世上的事物大多这样啊。从前有一个捕得乌龟的人，说什么乌龟有灵气，是不会吃东西的。他便用竹箱将乌龟收藏在其中，十天后开箱一看，乌龟差一点饿死了。照这样说来，凡是认为有不吃东西的灵物，草木中有不适宜用污秽的粪水来浇灌的花草，都属于无知妄谈！先生您不加考虑地执意坚信所听到的话，您的兰草其实已经算干枯得晚了。"

我回家后，心中很不痛快，仍然觉得我听到的用茶水浇灌的方法应该不会错，但不久我又产生了怀疑："事物原本因时间的推移久了就容易改变或丧失原有的习性，但这一切在潜移默化中进行，人们不可能知道它啊。"在《离骚》中有这样的记载："兰草芷草因改变环境而不再散发芳香，荃草蕙草随环境改变而蜕变为茅草。"那些生性脆弱而又十分傲慢的兰草凭着能散发芳香来抬高自己的身价，因此，我就固执地担忧它们难以养活，却没料到它们其实已经改变习性了啊。唉！于是，我让小童割去干枯的部分，灌溉枯萎的部分，并运来粪水浸渍它们。然后，我的兰草也繁茂了。

【义理揭示】

做任何事都要理论和实践相结合，懂得变易之法，灵活变通。不能光凭表面现象去判断其本质，更不能违背事物的普遍规律。

花草树木遍布自然。山上溪中、门前檐后，无处不在，它是与人最亲近的自然，也是与人最相通的生命体。

花草树木在中国人的生活中，不只是一种物质文化，有食用、药用等实际功效，更是一种精神文化，中国人在观赏花木时，融入了别具一格的生命感悟方式。除了花木本身令人身心愉悦的观赏性外，中国古代的艺术家们，更注重其蕴含的精神文化，即把花木自身的特点与人的主观情感相契合，把人的品性、风格投射到花木植物上，将花草树木人格化，并使之成为独特的文化符号。

在中国古代典籍中，木神花仙的传说极为常见，就连花木命名也充满了人间烟火气：美人蕉、仙人掌、君子兰、含羞草、罗汉松、湘妃竹……这些拟人化的名称已充分显示了人与花木亲密无间的程度。而在中国古代，人们将花拟人化，例如众所周知的"岁寒三友"（松、竹、梅）、"花中四君子"（梅、兰、竹、菊）等。

花草树木历来是中国艺术的重要题材之一，不只是绘画、雕刻等手工艺品经常以花木入题，它还特别受中国文人的青睐，在中国古典文学中留下了极为重要的一笔。这些精彩的花木文学作品使花草树木不再是自然之物，而是具有独特的情致意趣和艺术魅力。

在中国文学史的经典作品中，从来不缺花草树木的题材，从屈原佩兰示节、陶潜采菊植松、李白醉卧花丛、杜甫因花溅泪、白居易吟柳咏莲，乃至林逋梅妻鹤子…… 很多风流文人为花草树木所倾倒，创造了千古佳作。历代以花木为题材的诗词歌赋、小说、戏剧等文学形式，更是多得不可胜数。例如，在清代蒲松龄的著名短篇小说集《聊斋志异》中，许多篇章的主人公都是花仙、花精，如《黄英》《荷花三娘子》等。当然，在中国古典小说中，吟咏花木最丰富、最成功者非《红楼梦》莫属。无疑，花草树木是中国文人寄托情感的重要载体。

中国的花木文化也是一种闲适文化，独具东方冲淡平和的审美情趣。中国人把养花叫“玩花”，“玩”字说明中国古人把种花养花看成是一种休闲娱乐活动，它可以调节、丰富生活，是高雅趣味的体现。古代的文人逸士有条件和闲暇侍弄花木，欣赏花木是其悠闲生活的重要组成部分之一。有时候，这些文人的生活未必富裕，仕途未必顺畅，而欣赏花木便又成了排解抑郁、寄托情怀的最佳方式。

文化传递

养花弄草并非是和平时代文人雅士的专利，即使是在刀光剑影的战争年代，人们依然有兴致侍弄花草。朱德元帅就一生钟爱兰花。

在云南有一种野兰花，远远望过去，就好像一大片轻盈的白云覆盖在山坡上，景象蔚为壮观；走近些，兰花清幽的香味便随风传来。当年只有二十岁的朱德到云南从军，第一次见到漫山遍野的兰花，就喜欢上了。

当时的生活并不安定，朱德就采来野兰花养在瓶子里，随身携带。随着年龄、战功的积累，朱德的责任更重，压力更大，但他爱养兰花的兴趣却始终不减。无论征战何处，他总是能在野外采集到喜爱的兰花，并移栽到自己的"花盆"中。战争年代，朱德就用这种方式收集兰花。

新中国成立后，进入中南海的朱德尽管身居要职，但仍不忘抽空种养兰花，育兰、赏兰成了他最重要的业余生活。只要有余暇，朱德的首要工作就是侍弄兰花。每当独自一人时，他便面对兰花赏玩不疲……北京的中山公园在二十世纪五十年代后期开始养育兰花，为了培植兰花新品种，公园特意从上海引进了一批良种兰花。朱德得知这一消息后，抽空专程来到中山公园，细致地观赏着每一个品种，两个小时后，才带着满足的神情离去。

朱德喜欢和人们分享种植兰花的经验，生前他常去北京的中山公园和园丁们交流种兰、养兰的经验。他曾说："养兰入门容易，但是，要精通它就难了。必须得窥天气、测气候，勤于护持，做到栽养有法、得法，兰花才能生根发芽。"他还语重心长地对园丁们道出了养兰的目的："兰花是中国的名贵花卉，因栽养技术要求比较高，所以，以前只有有钱人才能养得起它，只有少数人能观赏到它。现在是新中国了，你们要养好兰花，多养兰花，让老百姓都能看见兰花的芳姿……以后还要总结栽养兰花的经验，逐步普及，让兰花进入寻常百姓家。"

朱德酷爱兰花，不仅仅在生活中种植、欣赏各种兰花，还对兰花的品种、习性进行了深入的研究。1964 年，他送兰花给盆景专

家周瘦鹃。周瘦鹃感慨之余，以诗记之：

兰蕙争荣压众芳，滋兰树蕙不寻常。

元戎心事关天下，要共群黎赏国香。

朱德爱兰，更多的是爱兰花的品质，他曾说：“人们崇尚兰的品格，所以称阳春之时为‘兰时’，称醇美之酒为‘兰觞’，称亲密挚友为‘兰友’。兰花的这些品格和情操不正代表着我们中华民族可贵的精神吗?”事实上，质朴、坚韧、高洁、芬芳——这些兰花所拥有的高贵品格不也恰是朱德本人的写照吗?

1. 读罢“花——花格人品”系列故事，你最为感动的是哪一个故事？请写出让你感动的三条理由。

2. 今天的人们也喜欢养花、赏花，不少地方还推出了“桃花节”“牡丹节”“菜花节”……你觉得今人爱花、赏花与古人爱花、赏花有何异同?

3. 假如请你选用一种“花”来表达自己的志趣，你会选择哪种花？请说明理由。

第八章　石——比德玉石

一 炼石补天

【原文选读】

昔者，共工与颛顼[①]争为帝，怒而触不周之山，天柱折，地维绝。天倾西北，故日月星辰移焉；地不满东南，故水潦尘埃归焉。

往古之时，四极废，九州[②]裂，天不兼覆，地不周载；火爁炎[③]而不灭，水浩洋而不息；猛兽食颛[④]民，鸷鸟攫老弱。于是女娲[⑤]炼五色石以补苍天，断鳌足以立四极，杀黑龙以济冀州，积芦灰以止淫水。苍天补，四极正；淫水涸，冀州平；狡虫[⑥]死，颛民生；背方州，抱圆天。

（选自汉刘安《淮南子》）

注释：

①共工：共工氏，与颛顼同时期，是部落领袖。颛顼（zhuān xū）：高阳

氏，据说是黄帝的孙子。

②九州：古人把中国分为冀、兖、青、徐、扬、荆、豫、雍、梁九州，这里泛指大地。

③爁（làn）焱：火势宽大而猛烈。

④颛：淳厚朴实。

⑤女娲：中国上古神话中的创世女神，以黄泥抟土造人，创造人类，建立婚姻制度。

⑥狡虫：指凶猛的禽兽。

【文意疏通】

《红楼梦》第一回引用了女娲炼石补天的传说。女娲为了补天，炼了三万六千五百零一块石头，用了三万六千五百块，剩下了一块未用。这块石头因“无材补天”，被女娲抛弃在青埂峰下。刘旦宅的《石头记人物画》第一幅就是“女娲补天”，周汝昌先生为画题写了一首诗，显示了女娲神奇的创造力：赤纹斑驳迹何疑，辛苦当年构火时。一石未安功何在，人间有此大传奇。下文讲述的便是女娲补天的故事：

话说从前，部落首领共工与黄帝的孙子颈颛争夺帝位，共工在一怒之下撞向不周山，一阵惊天动地的巨响之后，支撑上天的柱子折了，系挂地的绳子也断了。天向西北倾斜，所以日月星辰向西北移动；地的东南方下陷，所以大水尘土填满东南。

就是在那上古的时候，大地四方的尽头，那极远的地方，崩坏了，整个大地塌陷下去，苍天也不能够把大地全都覆盖上，地也不能把万物完全承载住了；火势大而猛烈，熊熊的大火燃烧不熄，浩渺无垠的洪水也不见消退，凶狠的野兽吞食着善良的民众，迅猛的禽鸟伸出锋利的爪子，抓取年迈的老人和柔弱的妇孺。女娲于是下定决心，炼石补天，来终止这场巨大的灾难。她拣选了各式各样的五色石子，烧起熊熊大火，把五色石子熔化成石浆，用这些石浆填塞青天上残缺的窟窿。有一只千年巨龟，女娲又砍下它的四条腿，当成四根柱子，支撑起倒塌下来的半边天。有黑龙祸害民众，女娲杀死了害人的黑龙，打消了它的嚣张气焰。洪水四处漫流，女娲还收集了大量芦草，把它们烧成灰，阻塞洪流向四处漫流。就这样，女娲经过一番辛勤的劳动，苍天补上了，大地填平了，洪水止住了，龙蛇猛兽敛迹，人民安居乐业。这场特大的灾祸最后还是留下了一些痕迹：天向西北方轰然倾斜，所以日月星辰闪闪烁烁，都缓缓朝着西北方向移动；大地的东南角陷塌下去了，所以江河泥沙都滚滚地向着东南方向流去。当雨后天晴的时候，我们会看到天空出现美丽的彩虹，那就是女娲补天时所用的神石散发的光彩。

【义理揭示】

女娲补天的故事充满神奇的想象，它是一个象征，显示了中华民族的远祖不畏艰难险阻、克服自然灾难的伟大精神，歌颂了劳动人民战胜自然、保护自然的勇气和意志力。

二 泗滨美石

【原文选读】

泗水之滨多美石。孟尝君为薛公，使使者求之以币。泗滨之人问曰："君用是奚为哉?"使者对曰："吾君封于薛，将崇宗庙之祀，制雅乐焉，微君之石，无以为之磬。使隶人敬请于下执事，惟君图之。”泗滨人大喜，告于其父老，斋戒肃使者，以车十乘致石于孟尝君。孟尝君馆泗滨人而置石于外朝。

他日下宫之舄阙[①]，孟尝君命以其石为之。泗滨人辞诸孟尝君曰：“下邑之石，……定为方物[②]，要之明神，不敢亵也。君命使者来求于下邑曰：‘以崇宗庙之祀。’下邑之人畏君之威，不敢不供，斋戒肃使者致于君。君以置诸外朝，未有定命，不敢以请。今闻诸馆人曰‘将以为下宫之舄’，臣实不敢闻。”弗谢而走。诸侯之客闻之皆去。

于是秦与楚合谋伐齐。孟尝君大恐，命驾趋谢客，亲御泗滨人，迎石登诸庙，以为磬。诸侯之客闻之皆来，秦、楚之兵亦解。

（选自明刘基《郁离子》）

注释：

①舄（xì）：通“磶”，承垫宫柱的脚石。阙：通“缺”。

②方物：可进贡的地方特产。

【文意疏通】

孟尝君是“战国四公子”之一，是齐国的宗室大臣，以广招宾客，食客三千闻名。历史上流传着不少关于孟尝君的故事。

泗水岸边盛产美石。孟尝君做薛公，派使者用钱去求取它。泗水岸边的人问他：“您用这石头做什么呢？”使者回答说：“我们的君主被封在薛地，将要尊崇宗庙的祭祀典礼，演奏朝会上的雅乐，要是没有您这里的美石，就没有办法制成石磬，因此派下官向您的属下恭敬地提出请求，希望您能考虑这件事。”泗水边的人很高兴，告诉乡里的父老，斋戒后恭拜使者，用十辆车子给孟尝君送去美石。孟尝君招待泗滨人住下，却把美石丢在朝会的地方。

有一天后宫的承垫宫柱的脚石空缺了，孟尝君就命令用那些美石来制作脚石。泗滨人出言责备孟尝君说：“我们那里的石头……定为本地的特产，用来恭求神明，一点也不敢轻慢。您派使者来我们这里请求说：‘要用它来敬奉宗庙的祭祀。’我们那里的人畏惧您的威势，不敢不敬献，虔诚斋戒，恭拜使者，把美石送给您。您却把它丢在朝会的外面，也没有确定的命令，我们又不敢为它请命。现在从馆人那里听说‘将用它来做后宫的柱脚石’，我们实在不敢相信这是您的作为。”泗滨人不辞而别。来自各国的宾客听到这件事后都离开了。

这件事可非同小可！后来秦国和楚国开始合谋讨伐齐国，孟尝君这才意识到问题是多么严重啊……他非常恐惧，赶紧派人驾车赶上去向客人道歉，亲自迎接泗滨人，迎请美石，将之放入宗庙，用它来制作磬。各国的宾客听说这事也都回来了，秦国和楚国的军队也解围而去了。

【义理揭示】

孟尝君因为使用美石而失信于民，使得大家心生怨愤，招来后患。后来他取信于民，使得兵祸解除，国泰民安。所以说人无信而不立，国无信而不存。当然，孟尝君虽失信于人，却能够知错就改，仍然不失为君子风范。

三 和氏[1]献璧

【原文选读】

楚人和氏得玉璞楚山中，奉而献之厉王。厉王使玉人相之，玉人曰："石也。"王以和为诳，而刖[2]其左足。及厉王薨[3]，武王即位，和又奉其璞而献之武王。武王使玉人相之，又曰："石也。"王又以和为诳，而刖其右足。武王薨，文王即位，和乃抱其璞而哭于楚山之下，三日三夜，泣尽而继之以血。王闻之，使人问其故。曰："天下之刖者多矣，子奚哭之悲也?"和曰："吾非悲刖也，悲夫宝玉而题[4]之以石，贞士而名之以诳，此吾所以悲也。"王乃使玉人理其璞而得宝焉，遂命曰"和氏之璧"。

（选自战国韩非《韩非子》）

注释：

①和氏：名卞和，是一位有名的玉工，春秋时期的楚国人。

②刖（yuè）：古代的一种酷刑，把脚砍掉。

③薨（hōng）：古代称诸侯或有爵位的大官死去为薨。

④题：为……题名，命名。

【文意疏通】

和氏璧是历史上有名的价值连城的美玉，原来属于楚国所有，后来不知怎么回事出现在赵国。秦国曾想用十五座城池与赵国交换这块宝玉，最终没有成功，由此我们可以看出和氏璧的珍贵。而发现这块宝玉的过程则是曲折而又让人痛苦的。

楚国人和氏在楚山中意外得到了一块未经加工的玉石，他恭恭敬敬地捧着这块玉石进献给厉王。厉王叫来玉工，玉工鉴定了一番后，摇摇头说：“哦，是块石头。”厉王听到心中不快，他认为和氏是在欺骗他，于是命令将和氏拉出去砍掉左脚。等到厉王死了，武王即位做了国君。和氏想：武王也许能认识我的宝贝。于是他又一瘸一拐地来到宫廷，恭恭敬敬地捧着这块未经加工的玉石献给武王。武王又叫来玉工，玉工鉴定了一番后，又摇摇头说：“哦，这是一块石头呀。”武王大怒，又认为和氏是在欺骗他，愤而下令砍掉了他的右脚。武王死后，文王即位做了国君，和氏还是心有不甘，就抱着他的玉石在楚山之下大哭一场。他哭了三天三夜，声音惊天动地。听到他哭声的人无不为之哀痛。和氏的眼泪流干了，眼里接着流出血来。消息传到宫廷，文王知道了，就派人来探问他恸哭的原因。那人问道：“天下被砍掉脚的人多啦，你为什么哭得这样悲痛呢?”和氏沙哑着嗓子哽咽着说：“我哪里是悲痛我的脚被砍掉呢？我悲痛的是把宝玉说成是一块石头，把真诚忠心的人说成是一个骗子，这就是我悲痛的原因啊!”派来问话的人回去报告了文王，文王就派玉工来加工这块璞石，得到了价值连城的宝玉，于是就把它命名为“和氏之璧”。

【义理揭示】

小人当道，致使美才不显于世，这是古今共悲的事情。和氏献璧的故事让人悲、让人叹，但和氏的行为却让人震撼！他的忠诚、他的无畏、他的毅力都令我们感慨。

四 苏轼供石

【原文选读】

《禹贡》[①]："青州有铅、松、怪石。"解者曰："怪石，石似玉者。"今齐安江上往往得美石，与玉无辨，多红、黄、白色，其文如人指上螺，精明可爱，虽巧者以意绘画有不能及，岂古所谓"怪石"者耶？……齐安小儿浴于江，时有得之者。戏以饼饵易之；既久，得二百九十有八枚。大者兼寸，小者如枣、栗、菱、芡，其一如虎豹，首有口鼻眼处，以为群石之长。又得古铜盆一枚，以盛石，挹水注之粲然。而庐山归宗[②]佛印[③]禅师适有使至，遂以为供。禅师尝以道眼观一切，世间混沦空洞，了无一物；虽夜光尺璧与瓦砾等，而况此石。虽然，愿受此供，灌以墨池水，强为一笑。使自今以往，山僧野人，欲供禅师，而力不能办衣服饮食卧具者，皆得以净水注石为供，盖自苏子瞻始。

（选自宋苏轼《前怪石供》）

注释：

①《禹贡》：我国最早的地理文献，书中把当时的中国划分为九州。下文的青州就是古九州之一。

②归宗：即归宗寺，原为王羲之故宅，后建为寺，寺中有王羲之的洗墨池。

③佛印：僧人，与苏轼交好。

【文意疏通】

苏轼嗜石成癖，赏石、玩石的风格就与他磊落的性格一样，是赏石史上除米芾以外最富传奇色彩的专家。苏轼在被贬任黄州团练副使期间，仍然很有兴致地用各种实物向当地人换大量美石，这件事有他自己写的文章《前怪石供》为证：

古书《禹贡》上说：“青州产铅，产松，产怪石。”解释的人说：“怪石，就是石头中像玉石的。”如今在齐安江上还有一些好看的石头，和玉石没有什么区别，有时也会有人捡到。颜色多是红、黄、白色，上面有一些盘旋的花纹，就像手指上的螺纹，精巧透明，十分可爱。就是画家也认为绘画是比不了这石头的妙处的。难道这就是古人所说的“怪石”吗？……齐安的小孩子常常到江边玩耍游水，有人就会捡到这样的怪石。我就用饼子来当诱饵，引逗孩子们用石头和我交换。不久，我就得到二百九十八枚石头。大的有两寸大小，小的就像枣子、栗子、菱角、芡实。其中还有块怪石，像虎豹之类的，头上不仅有嘴，还有鼻子有眼。我把它视为怪石的头目。我又得到了一张古旧的铜盆，就用它装上石头，再舀上一些水倒进盆里，顿时感觉到美石晶光发亮的样子。恰好有一天，庐山归宗寺的佛印禅师有使者来访，于是就视为可以供奉的物品了。禅师用悟道的眼光观察一切，心中空荡，全无一物，视世上乱七八糟的东西为空洞。在他们看来，珍贵的夜明珠和一尺见长的璧玉与小小的瓦片和石子都是一样的，更何况这种石头呢？虽然这样说，而他心下还是愿意把这些美石当成供品的，就用墨池的水灌上去，勉强地笑了笑。从此以后，假如山僧、野人想要供奉禅师，又没钱办理衣食住行之物，那就都可以用净水放入石头来作为供品了。这样的做法就是从我这里开始的。

【义理揭示】

苏轼真是有趣，他竟然从孩子那里赚来许多美石。而他供石的态度，又是何等认真！苏轼供石，一方面供的是美石本身富有的神采，另一方面供的是自己寓于美石的虔诚和雅意。

五　安得不爱

【原文选读】

米元章[①]守涟水，地接灵璧。蓄石甚富，一一品目，加以美字。入室则终日不出。时杨次公[②]为巡察使，知米好石废事，因往廉[③]焉。至郡，正色言道："朝廷以千里郡邑付公，汲汲公务，犹惧有阙，那得终日弄石？"米近前以手于左袖中取一石，其状嵌空玲珑，峰峦洞壑皆具，色极清润。米举石宛转翻覆示杨曰："如此石安得不爱？"杨殊不顾。乃纳之左袖，又出一石，叠嶂层峦，奇巧又甚。又纳之左袖，最后出一石，尽天划神镂之巧。又顾杨曰："如此石安得不爱？"杨忽曰："非独公爱，我亦爱也！"即就米手攫取之，径登车去。

（选自清潘永因《宋稗类钞》）

注释：

①米元章：米芾，中国北宋书法家、画家、书画理论家，多蓄奇石。世号"米颠"，书画自成一家。

②杨次公：杨杰，自号"无为子"。

③廉：调查考核为政情况。

【文意疏通】

一个人对某事某物的爱好达到痴迷的程度，人们往往称之为"痴"。米芾就是一个"石痴"。宋代叶梦得在《石林燕语》中称米芾有"石癖"，可见米芾对奇石痴迷的程度。

米芾在涟水做官，涟水这个地方靠近生产奇石的灵璧，于是他就抓住机会收藏了很多奇石，并且一一加以欣赏和品味，并加上了美妙的题名。他一旦进了书斋，常常是一整天都不出来。杨杰在当时身为巡察使，前来巡察，知道米芾因为嗜好奇石而耽误了政事，就很想去纠正一下米芾的癖好。有一天，杨杰来到米芾的官府，见到米芾，当面严肃地说道："朝廷把这么大的一块地方交给你来管理，你应该担心管理会出现遗漏，怎么能够整天在这里玩弄石头而不管政事呢?"这时候，米芾笑一笑，走上前去，伸出右手从左边的袖筒中拿出一块石头。石头的形状凹陷玲珑，峰峦洞穴样样都有，颜色极其清润。米芾高举着那块石头，转过来，倒过去，给杨杰观看，还说道："你看看，这样的石头，怎么能不让人喜爱呢!"杨杰连看都不看。米芾于是就把石头收到左边的袖子里，可忍不住又拿出来另一块石头。这块石头有屏障山峦，层层叠叠，更加奇巧。杨杰还是不回头看。于是米芾只好把这块石头收到左边的袖子里。最后他又忍不住取出另一块石头来，这块石头真的极尽上天雕凿、神灵刻镂之工巧。米芾看着杨杰说："呵呵，您看这样的石头，怎么能不让人喜爱啊!"杨杰忽然说："不单单是你喜爱，我也很喜爱啊!"顺手从米芾手中夺走石头，匆忙登上车子，扬长而去。

【义理揭示】

米芾是个十足的"石痴"，杨杰前来督查米芾，最后在这位

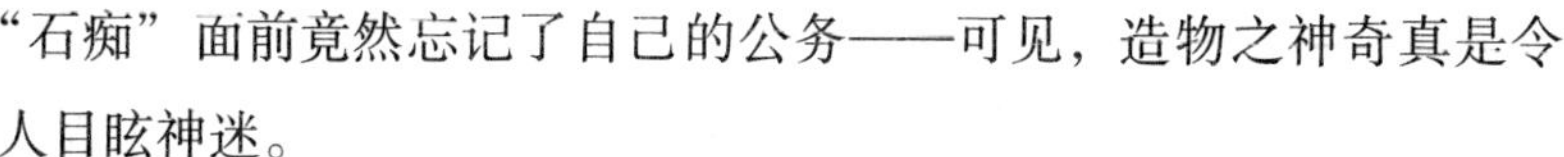
“石痴”面前竟然忘记了自己的公务——可见，造物之神奇真是令人目眩神迷。

六 雪山冰井

【原文选读】

客有载一白石山来求售者，大不盈①尺，高倍之。客不自知其名。予曰：“此玉华石也。出将乐洞。”虽工人稍斫②，其初而天造奇形故在。巉岩礌砢③，光片片可镜。其阴则斗削壁立，上下两空洞，有舍烟出云之形，即《小山赋》不尽其奇矣。因以布十匹易之，客大溢所望而去。顷予抱病溽暑，喘息如焚，思欲登雪山而浴冰井，不可得，因取玉华石置左，名之曰“雪山”，白瓷缸置右，而实以清泉，名之曰“冰井”。乃布竹榻其间，朝夕养疴④，堰仰坐卧焉。随觉暑气渐微，凉意渐恰，泠泠然爽致宜人。间起而摩挲之，则倏然山欲雪、井欲冰也。

（选自明吴国伦《甔甀洞稿》）

注释：

①盈：满。

②斫（zhuó）：用刀、斧等砍削。

③巉岩（chán yán）：意指高而险的山岩，形容险峻陡峭、山石高耸的样子。礌砢（léi luǒ）：众多、堆积的样子。

④疴（kē）：重病。

【文意疏通】

吴国伦是明朝文学家，所著《甔甀洞稿》内容丰富，其中讲述了这样一个故事。

有位客人载着一块白玉石来卖，白玉石就像是一座山。这块白玉山大小不满一尺，高度不过两尺。实际上，客人自己并不知道这是怎样的一块玉石。吴国伦就告诉他说：“这可是一块玉华石。应该出自将乐洞。”这座白玉山，虽然让工匠稍微砍削了一些，但是它原始的天然形态依然存在：山岩高险陡峭，石峰高耸，层层叠叠；玉石光亮，一片片石面甚至可以作为一面面镜子，光亮照人；它的阴面斗削壁立，上下有两处空洞，似有炊烟袅袅，云气升腾。即使《小山赋》那样的诗文也无法描述尽它奇特的景观。如此奇石，岂不让人动心！于是吴国伦就用十匹布买下了它。客人感到十匹布远远超出自己的期望，就高高兴兴地回去了。不久，盛夏炎炎，吴国伦抱病在身，他喘息如焚，热气难当，总想着登上雪山，浸入井水，但这又怎么可能呢！于是他转念一想，取来玉华石放在身体的左边，命名为“雪山”；又把白瓷缸（过去有位朋友送给吴国伦一口白瓷缸，可以装五十升水，吴国伦特别喜欢）放在身体的右边，命名为“冰井”。于是他就在“雪山”和“冰井”中间安放了竹床，从早到晚在这儿养病，或坐或卧，或俯身深思，或仰天遐想，顿觉暑热渐渐消失，凉气丝丝，清爽泠泠，霜雪之气沁人心脾。偶尔他会起身伸手抚摸“雪山”和“冰井”，就恍然觉得玉华山真的要纷纷飘雪，而白瓷井又正在悄然结冰。

【义理揭示】

欧阳修说：“醉翁之意不在酒，在乎山水之间也。山水之乐，

得之心而寓之酒也。"美酒可寓山水之乐，玉石可寄清凉之意。吴国伦借玉石山来消除暑热，也不过是寄情于玉石，表达其对清凉人生的追求罢了。

七 比德玉石

【原文选读】

梁尝有疑狱[①]，群臣半以为当罪，半以为无罪，虽梁王亦疑。梁王曰："陶之朱公[②]，以布衣富侔国，是必有奇智。"及召朱公问曰："梁有疑狱，狱吏半以为当罪，半以为不当罪，虽寡人亦疑。吾子[③]决是，奈何?"朱公曰："臣，鄙[④]民也，不知当狱。虽然，臣之家有二白璧，其色相如也，其径相如也，然其价一者千金，一者五百。"王曰："径与色泽相如也，一者千金，一者五百金，何也?"朱公曰："侧而视之，一者厚倍，是以千金。"梁王曰："善!"故狱疑则从去，赏疑则从与，梁国大悦。

（选自汉刘向《新序·杂事四》）

注释：

①疑狱：疑难的案件。狱，案件。

②陶之朱公：即陶朱公。陶朱公指范蠡，春秋楚国人，政治家、军事家、经济学家，后人尊称他为"商圣"，是中国儒商之鼻祖。

③吾子：古时对人的尊称，可译为"您"，比子更亲切。

④鄙：边远的地方，这里指见识短浅。

【文意疏通】

范蠡是越国的谋臣，在年轻时，他曾研习治国治军的策略。他为勾践出谋划策，功劳相当大。可范蠡深知可与勾践共患难，却难与勾践同享乐，于是就在越灭吴取得胜利的时候，与西施一起泛舟齐国，经商去了。经过努力，他成了富豪，人们称之为陶朱公。

梁国曾经有难以断定的案件，大臣们有的认为应当判有罪，有的认为应该判无罪。双方争得不可开交，就是梁王也感到很困惑。梁王这时想到了范蠡，他说：“陶地的朱公，富可敌国，他是凭着平民的身份而最终成为举国首富的。这里面必定有超乎常人的智慧。”于是他就叫来范蠡，问他：“梁国有难以断定的案子，断案的人一半认为有罪而一半认为没罪，即使是我也很困惑，难以断定。先生您来了，正好可以判断一下这个案件。您看怎样呢?”范蠡说：“我不过是个见识短浅的小民，也不懂得如何去断案。可既然大王让我断一断，那么，就请让我来举个例子吧。我家里藏有两块白玉璧，它们的颜色、大小和光泽都差不多，但它们的价钱一块可以卖一千金，一块却只能卖五百金。”梁王说：“大小与色泽都差不多，一块卖一千金，一块只卖五百金，那又是为什么呢?”范蠡说：“从侧面来看，”他一边说，一边做着手势，“其中一块的厚度是另一块的两倍，因此能够卖上一千金。”梁王说：“哎呀，说得好啊!”所以梁国办理案件，难断的案件就从轻发落，而有疑问的奖赏就依旧给予奖赏。这是遵循仁厚的原则。这样一来，梁国的老百姓都非常高兴。

【义理揭示】

孔子说：“君子比德于玉焉，温润而泽，仁也。”意思是说君子

的德操可以和玉相比，温润而有光泽，这便是仁。范蠡以玉比德，巧妙地告诫梁王要温厚为政，宽以待民。是的，以仁德治国，国家才能繁荣昌盛，人民才能安居乐业。

八 荆山石性

【原文选读】

《文士传》曰：魏文帝①之在东宫也，宴诸文学，酒酣②，命甄后出拜，坐者咸伏，惟刘祯③平仰观之，太祖④以为不敬，送徒隶簿。后太祖乘步辇车乘城，降阅簿作，诸徒咸敬，而祯坐磨石不动。太祖曰："此非刘祯耶？石如何性？"祯曰："石出荆山玄岩之下，外炳五色之章，内秉坚贞之志，雕之不增文，磨之不加莹，气质贞正，禀性自然。"太祖曰："名岂虚哉！"

（选自宋李昉等《太平御览》）

注释：

①魏文帝：曹丕。

②酣：酒喝得很畅快。

③刘祯：汉末文学家。刘祯后面说的话意思是，荆山石无论怎样雕琢也不能使之增加文采，它的本质是坚贞而自然的。

④太祖：魏武帝曹操。

【文意疏通】

刘祯是一个天分极高的人，他五岁能读诗，八岁能诵《论语》

《诗经》，赋文数万字。他记忆力超群，应答敏捷，被人们称为神童。他写过一组《赠从弟》的诗，其中一首是这样的：亭亭山上松，瑟瑟谷中风。风声一何盛，松枝一何劲。冰霜正惨凄，终岁常端正。岂不罹凝寒，松柏有本性。其实，他自己就是这样一棵不畏严寒的松柏。

《文士传》记载着这样一件事：有一次，曹丕在东宫宴请各位文学官员，酒喝得正畅快，他让甄后来拜见在座的人。在座的人都俯下身子不敢抬头看甄后，只有刘祯平身仰视。太祖认为刘祯“不敬”，将之送到隶簿，罚作苦力——在京洛西边的石料厂磨石料。有一次，曹操坐着车子来到石料厂察看。众官吏与做苦力的人都倍加恭敬，唯有刘祯没有跪下，坐在原地照常磨石料。曹操见此情景，不禁大怒，走到刘祯面前说：“这不就是那个刘祯吗？请问，你知不知道石料的性情是怎样的？”刘祯慢慢地放下锤子，正言说道：“石料出自荆山玄岩之下，外表显现五彩花纹，内质有坚贞之志，雕琢不会增加文采，打磨不能更加晶莹。这是因为禀气坚贞、受之自然。”太祖听罢，连声感叹，说道：“名不虚传，名不虚传啊！”

【义理揭示】

刘祯崇尚松树端直而坚毅的品质，也崇尚荆山石自然而坚贞的美德。他的所作所为是对之最好的诠释。

九 古人视玉

【原文选读】

宋人或得玉，献诸子罕[①]，子罕弗受。献玉者曰："以示玉人，玉人以为宝也，故敢献之。"子罕曰："我以不贪为宝，尔以玉为宝。若以与我，皆丧宝也。不若人有其宝。"稽首而告曰："小人怀璧，不可以越乡，纳此以请死也。"子罕置诸其里[②]，使玉人为之琢之。富而后使复其所。

（选自春秋左丘明《春秋左氏传》）

《李和文遗事》云：仁宗[③]尝服美玉带，侍臣皆注目。上还宫，谓内侍曰："侍臣目带不已，何耶？"对曰："未尝见此奇异者。"上曰："当以遗[④]虏主。"左右皆曰："此天下至宝，赐外夷可惜。"上曰："中国以人安为宝，此何足惜！"臣下皆呼"万岁"。

（选自宋王明清《挥麈录》）

注释：

①子罕：春秋时宋国人，贤臣。

②里：居住的地方。

③仁宗：宋朝第四代皇帝。

④遗（wèi）：赠给，送给。

【文意疏通】

人人都爱美玉。可是下面两位古人是怎样看待美玉的呢？他们与美玉的故事耐人寻味，值得我们深思。

话说先秦时期的宋国有一个人，得到了一块玉石，他想把它献给子罕。于是他去拜见子罕，子罕看他献上的是一块玉石，不愿意接受。这个献玉石的人大惑不解，说：“我把它给雕琢玉器的工匠看过了，玉匠认为是一块宝玉，所以我才敢把它献给您啊。”子罕说道：“哎呀，你要知道，我是把不贪财作为自己的珍宝，而你是把玉石作为自己的珍宝。如果你把玉石给了我，那么岂不是我们两个人都失去了珍贵的宝贝，还不如我们各自都固守着自己的宝贝吧。”献玉的人赶忙行跪拜礼，恭敬地说：“美玉不可以示人。小人既然拥有了这块宝玉，也就寸步难行了。还是希望您接受这块宝玉，以求免死于难。”于是子罕就把玉放置在自己居住的乡里，派人雕琢、加工，然后卖掉了璧玉，使献玉的人大富，然后才让他回到自己的家。

话说北宋时，宋仁宗曾经佩戴着一条装饰有美玉的腰带，侍奉他的近臣们都目不转睛地盯着看。有一次，宋仁宗回到宫里，对大内的臣子说：“侍奉我的臣子们都不停地注视着我这条腰带，你们说说看是什么原因呢？”大内的臣子回答说：“他们从来没有见过这样特别稀罕的宝物啊。”宋仁宗沉吟良久，感慨地说：“我看应该把它送给契丹的首领。”宋仁宗身边的臣子说：“这是天下最好的宝物，送给外族人不是太可惜了吗？”宋仁宗说道：“我们国家是把老百姓的安定视为珍宝，我的这条玉腰带有什么值得惋惜的呢？”宋仁宗这句话刚刚说罢，左右的臣子们便都高呼“万岁”。

【义理揭示】

美玉财宝，人所共爱。可是子罕拒收宝玉，以廉洁的品质为宝；宋仁宗不以玉带为宝，而以百姓安定为宝。古今大智慧者，皆

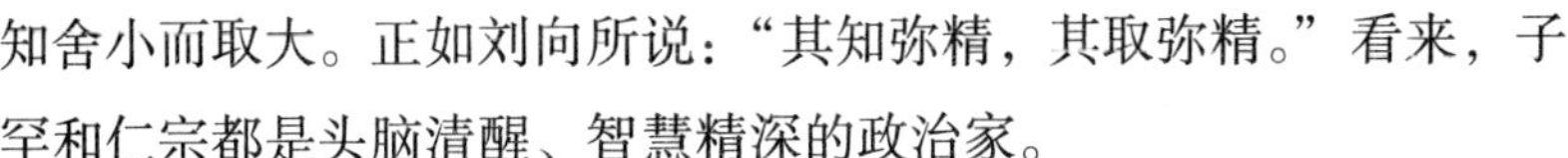
知舍小而取大。正如刘向所说："其知弥精，其取弥精。"看来，子罕和仁宗都是头脑清醒、智慧精深的政治家。

十　石能说话

【原文选读】

八年春，石言于晋魏榆。晋侯问于师旷曰："石何故言？"对曰："石不能言，或冯①焉。不然，民听滥也。抑臣又闻之曰：'作事不时，怨读言讟②动于民，则有非言之物而言。'今宫室崇侈，民力凋尽，怨讟并作，莫保其性。石言，不亦宜乎？"于是晋侯方筑虒祁之宫③。叔向曰："子野之言，君子哉！君子之言，信而有征④，故怨远于其身。小人之言，僭而无征⑤，故怨咎及之。《诗》曰：'哀哉不能言，匪舌是出，唯躬是瘁。哿⑥矣能言，巧言如流，俾躬处休。'其是之谓⑦乎？是宫也成，诸侯必叛，君必有咎，夫子知之矣。"

（选自春秋左丘明《春秋左氏传》）

注释：

①冯：通"凭"，凭借，借助。

②讟（dú）：怨恨。

③虒祁（sī qí）之宫：春秋时晋平公为效楚灵王之章华宫而筑虒祁之宫。虒祁：宫名。

④信而有征：意思是忠信而又有所借助。信，真实。

⑤僭（jiàn）而无征：意思是冒犯礼仪而没有依托。僭，超越本分，古代指地位在下的冒用在上的名义或礼仪、器物。

⑥哿（gě）：表示称许的意思。

⑦是之谓：倒装句，“是之谓”就是“谓是”，说的就是这。

【文意疏通】

唐代李商隐在《明神》中道：“明神司过岂令冤，暗室由来有祸门。莫为无人欺一物，他时须虑石能言。”意思是说，明神有其明察，他主管人间的罪过，实施应得的惩罚，怎能会让冤假错案存在呢？没人的暗处从来都是惹祸的门径。千万不要因为没人看见就欺骗一事，欺负一物，你一定要担心将来连石头也能用语言把看到的事情说出来。

鲁昭公八年（前534），有人传言在晋国魏榆地区有石头能说话。晋平公听说后，就问师旷：“石头为什么会说话呢？”师旷回答：“石头不可能会说话，也许是有人假借石头来说话吧。再不然，就是老百姓听错了，乱传信息。不过，我真的听说过这样一句话：‘如果执政者不考虑合适的季节和国力情况而一味大兴土木，建筑重大的工程，那么民间就会怨声载道，怨愤之声、怨愤之气会让不应该说话的事物开口说起话来。’如今，宫殿修建得过分高大奢华了，百姓的力量即将竭尽，怨愤之气和怨愤之声同时并起，百姓的心态已经不能够保持平和。那么，石头开口说话，不也是顺理成章的事情吗？”当时，正是晋平公大建虒祁宫的时候。叔向很感慨，连连称赞说：“子野（即师旷）的话说得好啊，这就是君子之言，君子之言呀！君子的话语忠信而又有所依托，所以能够做到让怨恨远离自身。小民说话又是怎样的呢？不顾身份，冒犯礼仪，毫无借助，所以总是招来怨恨而自取灾祸。《诗经》说：‘可悲可哀的小民啊，不会说个话呀，绝不是舌头有了毛病，他的话语只能招灾惹

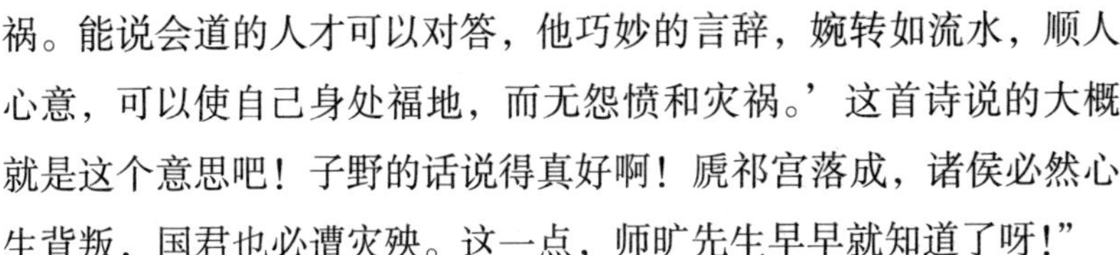
祸。能说会道的人才可以对答，他巧妙的言辞，婉转如流水，顺人心意，可以使自己身处福地，而无怨愤和灾祸。’这首诗说的大概就是这个意思吧！子野的话说得真好啊！虒祁宫落成，诸侯必然心生背叛，国君也必遭灾殃。这一点，师旷先生早早就知道了呀！”

【义理揭示】

晋平公大建宫殿，百姓有怨愤之情，诸侯有背叛之心。在这种情况下，师旷进谏，巧言借石，真是一种充满智慧的表现！

十一　奇石化育

【原文选读】

禹治洪水，通**轘**辕山①，化为熊。谓涂山氏曰：“欲饷②，闻鼓声乃来。”禹跳石，误中鼓，涂山氏往，见禹方坐熊，惭而去。至嵩高山③下，化为石，方生启。禹曰：“归我子！”石破北方而启生。

（选自汉刘安《淮南子》）

《后周书》曰：高琳母尝祓禊④泗滨，遇见一石，光彩朗润，遂持以归。是夜梦见一人，衣冠有若仙者，谓其母曰：“夫人向所将来之石，是浮磬之精，能宝持，必生令子。”其母惊寤⑤，便举体流汗，俄而有妊，及生子，因名琳，字季珉也。

（选自宋李昉《太平御览》）

注释：

①**轘**（huán）辕山：位于河南巩义、登封、偃师交界一带，嵩山太室与

少室之间。轘辕口传说为远古时大禹所凿，为历代兵家必争和控守要地。

②饷（xiǎng）：给在田间里劳动的人送饭。

③嵩高山：即今嵩山，以其嵩高而大，故名。

④祓禊（fú xì）：古代用斋戒沐浴等方法来除灾求福，亦泛指扫除、洗濯。

⑤寤：通"悟"，醒来。

【文意疏通】

从远古的传说到后世的异闻，都有关于人石转化的故事。其中有人化为石的故事，比如望夫石的传说。当然，也有奇石化育的故事，下面就有两则：

很久很久以前，洪水滔天。鲧采用堵塞的方法治水失败，皇帝命令他的儿子大禹接替，继续治理洪水，安定九州。为了使人民安居乐业，大禹治水跑遍了九州四野。为了打通轘辕山口，大禹化为一头巨大的黑熊。禹告诉自己的妻子涂山氏："如果你要送饭，就等听到击鼓的声音再来。"有一天，大禹在山石上跨跳的时候，一不留心踩掉了几块石头，正好砸在鼓面上，鼓面发出了咚咚的鼓声。涂山氏听到鼓声就赶快把饭送到开山的工地上去。不料妻子闻声而来，看到大禹化作一头熊，正在山下用力凿石推土，开挖河道。她害怕极了，跑到嵩山下，化成一块大石头。涂山氏当时已经怀了孩子，大禹见此情况，就大声喊："把儿子还给我！把儿子还给我！"石像的肚腹应声裂开，一个小男婴就此降临人间，大禹急忙赶过去，把儿子抱起来。后来，大禹就给儿子起名叫"启"，那块巨石就叫"启母石"。

《后周书》说：高琳的母亲曾经在泗水边上沐浴洗濯，祈求消灾降福，转眼看到一块美石，光彩照人，晶莹朗润，就把这块美石拿回了家。这天夜晚，高琳的母亲渐入梦境，看到一个人飘然而

来，穿衣戴帽就像仙人。那人来到她面前，告诉她说："夫人前次携回的那块美石，是水边磐石的精魂，您如果能够保有它，一定会生个好儿子。"高琳的母亲听罢心里一惊，猛然醒来，感觉全身流汗，不久就怀上了孩子。生下孩子后，她就给儿子起名叫"琳"，字为"季珉"。

【义理揭示】

石头本平常，但若是精气化人就不同寻常了。不寻常的人，人们似乎总要附加给他们一些神奇的传说，也许这样，才能表达自己的惊异与崇敬之情吧。

十二　金鸡异石

【原文选读】

南康[①]雩都县沿江西出，去县三里，名梦口，有穴，状如石室，名梦口穴。旧传：尝有神鸡，色如好金，出此穴中，奋翼迴翔，长鸣响，见之，辄飞入穴中，因号此石为金鸡石。昔有人耕此山侧，望见鸡出游戏，有一长人操弹弹之，鸡遥见便飞入穴，弹丸正著穴上，丸径六尺许，下垂蔽穴，犹有间隙，不复容人。又有人乘船从下流还县，未至此崖数里，有一人通身黄衣，担两笼黄瓜，求寄载，因载之。黄衣人乞食，船主与之盘酒。食讫[②]，船适[③]至崖下。船主乞瓜，此人不与，仍唾盘上，径上崖，直入石中。船主初甚忿之，见其入石，始知神异，取向食器视之，见盘上唾，悉是黄金。

（选自南朝梁任昉《述异记》）

注释：

①南康：地处江西，历史悠久，人文荟萃。下设有金鸡镇。

②讫（qì）：完结，终了。

③适：刚好，刚刚。

【文意疏通】

自古以来中国就有许多灵异故事。这是一个关于金鸡的故事，也是一个关于奇石的故事。

南康有个县叫雩都县，沿着县城的江岸向西走去，离县城三里地远，就会走到一个叫梦口的地方。这里有一处石崖，石崖有一个洞穴，洞穴远远看去就像一个石头房子，人们称它为“梦口穴”。过去有一个传说，说这里曾经有一只神鸡，神鸡的金色羽毛漂亮无比，闪闪发光。神鸡常常从洞穴中出来，拍拍翅膀，在空中回旋飞翔，鸣叫声响彻云霄。可是当人们发现它的时候，它就会钻进洞穴。这是一只多么神奇的鸡！人们于是就把这块石崖称为金鸡石。过去有一个人见到过神鸡。以前有人在山侧耕田种地，看见神鸡从石崖出来，在外面游戏，摆扑回旋，往复翔集。他又看见远处有一个高高耸立的男子，几乎顶天立地，正用右手举起一支弹弓，左手用力握住弹丸，慢慢地将弹弓拉开。不料想神鸡一眼瞥见，便奋飞入洞。只听到“嗖——”的一声，弹丸射中洞口上方。那弹丸可不能小觑，足足有六尺多，洞口上的石壁轰然崩塌，堵住了洞口，还留有一道缝隙，只是这道缝隙连一个人也难以钻进去了。

又有一个人，他曾乘坐一只船从下游逆流而上，要返回县城。当他离石崖还有几里路的时候，就发现有一个穿着黄色衣服的人，担着担子，两边的笼子里装满了黄瓜。黄衣人又是招手，又是喊

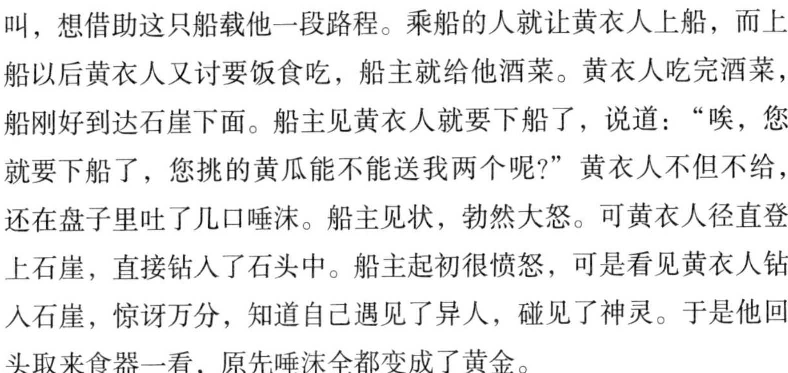

叫，想借助这只船载他一段路程。乘船的人就让黄衣人上船，而上船以后黄衣人又讨要饭食吃，船主就给他酒菜。黄衣人吃完酒菜，船刚好到达石崖下面。船主见黄衣人就要下船了，说道：“唉，您就要下船了，您挑的黄瓜能不能送我两个呢?”黄衣人不但不给，还在盘子里吐了几口唾沫。船主见状，勃然大怒。可黄衣人径直登上石崖，直接钻入了石头中。船主起初很愤怒，可是看见黄衣人钻入石崖，惊讶万分，知道自己遇见了异人，碰见了神灵。于是他回头取来食器一看，原先唾沫全都变成了黄金。

【义理揭示】

自古以来人们就喜欢灵异故事。生命短暂，一只鸡钻入石头可得永生，生命便不觉短暂；生活贫穷，鸡可以化为黄衣人留下黄金，则会让人忘记贫穷。

人类之初穴居于石，劳动离不开石器，打火离不开石刀。人类从诞生之日起就离不开石，天生对石有所崇拜。石的神奇力量在人看来，怎样想象也不为过。那五彩的石头，可以熔炼，用来补天，于是一个新的世界就诞生了！神奇而美丽的玉石蕴藏着宇宙洪荒的岁月，经历了漫长的人类发展，留下了一串串美丽而动人的故事。

许慎在《说文解字》说：“玉，石之美者。”从古至今，人们对于奇石美玉都有着“形”的追求。人们从玉石中可以看出人世间各种物象或生命形态，如中国的四大奇石“东坡肉形石”“岁月”

石图，内容浩繁，叙述精到，品位高雅，文笔精美，显示了中华赏石文化的博大与精深，蕴含着赏石文化这一东方艺术的独特魅力。"可见，中国的赏石文化自古以来就非常丰富和深厚。

中国玉石文化早在公元二世纪中叶的东汉便开始在上层社会流行，到南朝已达相当水平。经过隋唐时期的发展，宋代是中国古代赏石文化的鼎盛时代。不仅出现了像米芾、苏轼这样的赏石大家，就连司马光、欧阳修、王安石等大量文人、政界名流也积极参与收藏、品评、欣赏奇石的活动。明清两朝伴随着古典园林艺术从实践到理论的成熟，中国古代赏石文化达到了全盛时期，赏石文化已被提升到具有人生哲理的高度。

古人以玉比德、以石比德，赏石以养性、佩玉以修志，而在当今社会，人们仍然需要以玉石为介质，修身养性，践行中华民族的传统美德。这无疑是中华优秀传统文化在当今社会的延续。

1. 自古以来关于玉石的名言很多，以下面两句为例，谈谈它给你带来的感悟和启迪：

（1）玉不琢，不成器；人不学，不知义。

（2）宁为玉碎，不为瓦全。

2. 根据你对玉石的了解，说说在当今社会应该如何继承和发扬中国传统的玉石文化。